Aug. Gladisch, F. C. Schwalbach

XV. Programm des Koöigl. Wilhelms-Gymnasiums zu Krotoschin zu Ostern 1869

als Einladung zur der öffentlichen Prüfung der Schüler und Entlassung der Abiturienten

Aug. Gladisch, F. C. Schwalbach

XV. Programm des Koöigl. Wilhelms-Gymnasiums zu Krotoschin zu Ostern 1869 *als Einladung zur der öffentlichen Prüfung der Schüler und Entlassung der Abiturienten*

ISBN/EAN: 9783337222017

Hergestellt in Europa, USA, Kanada, Australien, Japan

Cover: Foto ©ninafisch / pixelio.de

Weitere Bücher finden Sie auf **www.hansebooks.com**

PROGRAMM

DES

KOENIGL. WILHELMS-GYMNASIUMS

ZU

KROTOSCHIN

zu OSTERN 1869

ALS EINLADUNG

ZU DER ÖFFENTLICHEN PRÜFUNG DER SCHÜLER

UND

ENTLASSUNG DER ABITURIENTEN.

HERAUSGEGEBEN

VON

AUG. GLADISCH,

Director und Professor.

⁓⁓⁓⁓

INHALT:

———————

Buch- und Steindruckerei von Friedrich A. Kosmäl in Krotoschin und Ostrowo.

DIE

VERBREITUNG DER SAGE

VON

FLORE UND BLANCEFLOR

IN DER

EUROPAEISCHEN LITERATUR.

VON

F. C. SCHWALBACH.

Die Verbreitung der Sage
von Flore und Blanceflor in der europäischen Literatur.

Nachdem man lange Zeit der Ansicht gewesen war, dass südliche Frankreich oder Spanien sei die Wiege der lieblichen Erzählung von Flore und Blanceflor gewesen [1]), hat später Edélestand Du Méril bis zur Evidenz nachgewiesen, dass derselben ein uns verloren gegangener griechischer Roman zu Grunde liegt [2]). Ohne hier die Gründe, mit denen der genannte französische Gelehrte seine Behauptung stützt, wiederholen zu wollen, werden wir in diesem Aufsatze nur kurz die bis jetzt bekannt gewordenen Formen besprechen, unter welchen die Geschichte von Flore und Blanceflor in den verschiedenen Ländern auftritt.

Wenn nach den Untersuchungen Du Méril's die Provence nun zwar nicht mehr für die ursprüngliche Heimath unserer Sage gehalten werden darf, so finden wir doch bei den provenzalischen Dichtern die ersten Spuren einer Bekanntschaft mit derselben. Die Gräfin Beatrix von Die (um 1150) klagt in dem Liede *Estat ai*, ihr Freund habe sie verlassen, den sie mehr liebe, als Flore seine Blanceflor [3]); die Gedichte der Troubadours

---

[1]) B r u n s, Romantische und andere Gedichte in altplattdeutscher Sprache, S. 222. F a u r i e l, Chants populaires de la Grèce moderne, I, p. XVIII. I d e l e r, Geschichte der altfranzösischen National-Literatur, S. 91. G e r v i n u s, Geschichte der poetischen National-Literatur der Deutschen (3. Aufl.), I, S. 503. S o m m e r, Flore und Blauscheflur, S. VIII.

[2]) M. E d é l e s t a n d D u M é r i l, Floire et Blanceflor, poèmes du XIIIe siècle, publiés d'après les manuscrits, avec une introduction, des notes, et un glossaire. Paris 1856. — Auch Gervinus (a. a. O.) hat sich der Wahrnehmung nicht verschliessen können, dass die Erzählung „mit vielem Schmuckwerk griechischer Romane" ausgestattet sei.

[3]) Quar plus m'en sui abellida Non fis Floris de Blancaflor; bei R a y n o u a r d, Choix de poésies originales des troubadours, III, p. 25.

Arnold]von Marueil, Gaucelm Faydit und Rambaud von Vaqueiras enthalten mehrere
ähnliche Anspielungen[1]); der Roman de Jaufre weiss, dass Flore ein Königssohn war
und aus Liebe zu Blanceflor seinen Glauben änderte[2]); Folquet von Romans spricht von
der grossen Treue des Jünglings[3]), von seinem Hinaufsteigen in den Thurm[4]), von seinem
Glück mit der Geliebten[5]); Aimeri von Bellinoi endlich erwähnt, dass die Jungfrau schmerz-
erfüllt aus dem Thurme zum Gericht ging[6]). Alle diese Züge finden sich in der uns
überlieferten Erzählung wieder; nichts aber berechtigt zu der Annahme, dass es einen
provenzalischen Roman von Flore und Blanceflor gegeben habe. Denn wenn in dem Gedichte „Flamenca" ein solcher als ein bei Damen beliebtes Buch angeführt wird[7]), so
ist zu bedenken, dass jenes Gedicht erst im vierzehnten Jahrhunderte entstanden ist und
dass also mit dem Romane recht gut eine nordfranzösische Redaction gemeint sein kann,
zumal die poetischen Erzeugnisse Nordfrankreichs damals bereits im Süden allgemein
verbreitet waren. Wahrscheinlich haben die Troubadours des zwölften und dreizehnten
Jahrhunderts die Geschichte von Flore und Blanceflor nur in der Form mündlicher
Ueberlieferung gekannt.

Im Nordfranzösischen dagegen hat wohl schon frühzeitig eine schriftliche
Aufzeichnung von den Abenteuern beider Kinder stattgefunden. Eine dem Ende des
zwölften Jahrhunderts angehörige Romanze schildert in rührenden Versen die Trauer
Flore's, als er bei seiner Rückkehr von Montoire Blanceflor nicht mehr vorfindet[8]). Auch
andere Anzeichen lassen darauf schliessen, dass unsere Sage sich damals in Nordfrankreich einer grossen Popularität erfreute und dass zu dieser Zeit bereits mehrere von
einander unabhängige Versionen davon existirten. Ausser zwei Stellen in Gedichten, die

---

[1]) Fauriel, Histoire de la poésie provençale, III, p. 459,
[2]) Que far m'o fai forsa d'amor Que fes Floris a Blanquaflor Tant amar, qu'era filz del rei
Que partir lo fet de sa lei; bei Du Méril, p. XCI.
[3]) E tan vos sois ferms e leials Que Tristantz fo ves Yseul fals. Contra mi, e ves Blanchaflor
Floris ac cor galiador; bei Raynouard, Lexique roman, I, p. 493.
[4]) Que meill non pres a Raol·de Cambrais Ni a Flori quan poget el palais; bei Raynouard,
Poésies, II, p. 304.
[5]) Anc no fon de joy tan ricx Floris quan jac ab s'amia; ebendas., p. 305.
[6]) Ni Blanceflor tan greu dolor Per Flori non senti, Quan de la tor l'Emperador Per s'ami-
stad eyssi; ebendas., p. 305.
[7]) Pren lo romanz de Blancaflor. Alis se leva tost e cor Vas una taula on estava Cel romans; bei Raynouard, Lexique roman, I, p. 80.
[8]) Floires revient seus de Montoire etc., abgedruckt bei Ideler, Sprachproben, S. 58 f.

zu Anfang des dreizehnten Jahrhunderts abgefasst sind[1]), spricht für eine solche Annahme der Umstand, dass die beiden nordfranzösischen Redactionen des Romans von Flore und Blanceflor nicht aus derselben Quelle, sondern aus zwei verschiedenen Darstellungen geflossen sein müssen, und dass ferner den nach französischen Originalen arbeitenden Uebersetzern wieder andere, als die uns erhaltenen Gedichte vorgelegen haben. Was nun die beiden überlieferten Versionen in der langue d'oïl betrifft, so nimmt Du Méril mit Recht an, dass mit Rücksicht auf Sprache und Darstellungsweise die eine derselben für ein gewähltcres Publicum, die andere für einen weniger gebildeten Zuhörerkreis berechnet war; er unterscheidet deshalb zwischen der première version *aristo-cratique* und der seconde version *populaire.* Erstere kennen wir aus drei Handschriften der kaiserlichen Bibliothek zu Paris. Das Ms. 6987 (*A*), als dessen Schreiber sich am Schlusse des noch mehrere Gedichte umfassenden Bandes *Peros de Neele* nennt[2]), enthält den von Immanuel Bekker (Berlin 1844) nach einer Uhland'schen Copie veröffentlichten Text[3]) und stammt aus der Mitte des dreizehnten Jahrhunderts. Bedeutend jünger ist das Ms. 7534 (*B*), das denselben Text wie *A* reproducirt, aber viele Varianten bringt, welche offenbar das Bestreben zeigen, manche Härten zu mildern, den Versen besseren Fluss zu geben und schwerfällige Ausdrücke durch gewähltere zu ersetzen[4]). Das Ms. 540 des „*Supplément français*" (*C*) endlich gehört erst dem funfzehnten Jahrhunderte an und ist eine ziemlich incorrecte Abschrift des Textes *A*, liefert

---

[1]) In einem dieser Gedichte (bei P. Paris, Romancerro français, p. 66) findet sich folgende Strophe: D'un douz lai d'amor De Blancheflor, Compains, vos chanteroie, Ne fust la poor Del traitor Cui je redotteroie; und in dem Fabliau de la Viellete (bei Du Méril, p. XIII) heisst es: Si fu de lui si tost esprise K'ainc Blanceflors n'Iseus la blonde Ne nule feme de cest monde N'ama oncques si tost nului Come ele fist tantost celui. In der Sammlung von Barbazan und Méon (III, p. 158—160), wo dasselbe Fabliau unter dem Titel La vieille truande abgedruckt ist, wird Blanceflor allerdings nicht erwähnt.

[2]) Or disont (sic) tot Amen! Amen! Explicit. Ce fist Peros de Neele Qui en trover tos s'esceveie; bei Du Méril, p. CCVI.

[3]) Der Bekker'sche Abdruck ist im Grossen und Ganzen treu, doch finden sich auch manche Fehler, die Du Méril in seiner Ausgabe mit der Bemerkung „par erreur dans M. Bekker" sorgfältig notirt hat.

[4]) Ganz unverständlich ist in A V. 42: En cele cambre un lit avoit, Qui de paile aornés estoit. Moult par ert boins et ciers li pailes: (40) Ainc ne uint miudres de cesaile. Li pailes ert ourés à flors, Dindés tirés bendés et ours. B und Du Méril haben dafür: En cele cambre un lit avoit Qui d'un paile couvert estoit, Indes et rouz, broudes par tors; (40) Onques plus riches n'ot estors. Moult par ert boins et chiers li pailes: Ains ne vint miudres de Tessaile. V. 42 lautete also in A wohl ursprünglich: D'indes et ros, brodés, estors (oder brodés à tors). In C steht das ebenfalls Unverständliche: Deux des tires bendes a our.

aber nichtsdestoweniger einige brauchbare Lesarten, und unterscheidet sich von *A* besonders dadurch, dass es die Episode von dem Zauberer Barbarin und dem Selbstmordversuch Flore's in der Löwengrube nicht enthält. Diese beiden Züge fehlten demnach in der Handschrift, nach welcher *C* copirt ist, und ergeben sich also als (auch sonst gegen den Tenor der Erzählung auffallend abstechende) Zusätze irgend eines Jongleurs, vielleicht des oben genannten Peros de Neele. — Vor Edélestand Du Méril waren übrigens die Handschriften *B* und *C* noch nicht benutzt, nur P. Paris hatte in seinem *Romancero français* (p. 55—63) ein Bruchstück von *B*, dem Abschnitte 528—780 in *A* entsprechend, herausgegeben. Du Méril hat nun alle drei Mss. genau verglichen, und seiner Redaction ist nur der Vorwurf zu machen, dass er fast durchgängig den in *B* vorgenommenen Aenderungen gefolgt ist, statt, wo es irgend möglich war, den Lesarten von *A*, die doch auf jeden Fall die ursprünglicheren sind, den Vorzug zu geben.

Auf die sogenannte zweite Version Ms. 1239 („*du fonds de Saint-Germain français*") hat Du Méril zum ersten Male herausgegeben. Dieselbe ist zwar nicht ganz vollständig, erzählt aber, soweit eine Vergleichung angestellt werden kann, die Geschichte von Flore und Blanceflor in vielfach abweichender Form, setzt also, wie wir oben bereits angedeutet haben, eine andere in Nordfrankreich zur Geltung gekommene Gestalt der Sage voraus, als der ersten Version zu Grunde lag. Beide Gedichte suchen den Stoff ihren Landsleuten näher zu rücken: das erste, indem es erzählt, Blanceflor sei die Tochter eines französischen Ritters, die Mutter Bertha's mit dem grossen Fusse[1], der Frau Pepins, und die Grossmutter Karls des Grossen[2] gewesen, während das zweite nur sagt, sie habe einen vornehmen Franzosen, den Herzog Heinrich von Olenois, zum Vater gehabt. Flore's Vater heisst in der ersten Version Felis, in der zweiten Galeriens, die Gefährtin Blanceflor's Gloris und Klaris, die Stadt, wohin Flore verbannt wird, Montoire und Montelieu. Der einen Darstellung sind die Namen des Lehrers (Gaides) und der Wirthe Flore's (Richier und Daires) unbekannt; in der andern wird der Seneschal Madiens nicht erwähnt. Die zweite Version deutet die Jugendgeschichte der beiden Kinder nur mit kurzen Worten an; sie weiss nichts von der Wiege, in der sie zusammen schliefen, nichts

---

[1] In der Bekker'schen Ausgabe wäre nämlich statt Berte as grans piés richtiger B. au grand pié zu schreiben: vgl. Reali di Francia. VI, 1: Berta del gran pié, perche ella aveva un pié un poco maggior dell' altro, e quello era il pié diestro.

[2] B: Fame fu au gentill baron Pepin le roy, pere Charlon. A: Berte fu mere Charlemaine, Qui puis tint France et tot le Maine.

von ihren gemeinschaftlichen Versuchen, die gegenseitigen Namen zu schreiben, nichts von ihrem ganzen idyllischen Kinderleben. Flore ist hier nicht der fast schmachtend zu nennende Jüngling, wie die *version aristocratique* ihn schildert; im Alter von funfzehn Jahren zeigt er sich bereits in der ganzen Kraft eines Mannes und ist mit allen ritterlichen Tugenden ausgerüstet. Blanceflor wird nicht ohne Weiteres verkauft; man beschuldigt sie des Versuchs, den Vater Flore's durch Gift umzubringen, und sie soll in Folge dessen den Tod erleiden. Da erscheint Flore mit geschlossenem Visier, um ihre Unschuld im Zweikampfe zu behaupten; er tödtet den Verläumder seiner Geliebten und entfernt sich, ohne erkannt zu werden. Auf der Reise, die er unternimmt, um Blanceflor zu suchen, wird er von dem Prinzen Diogenes, dem Sohne des Kaisers Sanones, angegriffen, doch auch diesen überwindet er. Durch eine dritte Heldenthat endlich rettet er Blanceflor vom Feuertode, zu welchem sie durch den Admiral verurtheilt ist. Es erscheint nämlich plötzlich der mächtigste Fürst des Orients (*Jonas de Handres, l'aumacor, Qui d'Acianon est seignor:* V. 3079 f.) und fordert den Admiral auf, sich ihm zu unterwerfen oder ihm einen Kämpen zu stellen, der mit den Waffen in der Hand gegen ihn streite. Kein Vasall des Admirals wagt es, auf diesen gefährlichen Vorschlag einzugehen; Flore aber nimmt die Herausforderung an, bleibt Sieger und erhält als Preis für den geleisteten Dienst die Gunst des Admirals und die Hand Blanceflor's. — Diese und zahlreiche andere Abweichungen von der ersten Version geben der *version populaire* einen ganz eigenthümlichen Charakter und zeigen deutlich, dass der Verfasser des zweiten Gedichts eine von *A* durchaus verschiedene schriftliche[1]) Ueberlieferung vor sich hatte. Dass aber neben den beiden uns erhaltenen Redactionen noch andere Gestaltungen der Sage in Nordfrankreich im Umlauf waren, wird sich gelegentlich bei der Besprechung der ausserfranzösischen Darstellungen ergeben. —

Aus einer Stelle in dem Leiche Ulrich's von Gutenburg[2]) geht hervor, dass in Deutschland die Geschichte von Flore und Blanceflor, ebenso wie im südlichen und nördlichen Frankreich, schon im zwölften Jahrhunderte verbreitet war. Wenn man auch wie Sommer gezeigt hat[3]), die romanische Form des Namens *Floris*, deren sich Ulrich

---

[1]) Tant en i fist icelle jor metre, Si com el livre dit la letre, Que il n'en i pot plus entrer; V. 3443 ff.

[2]) Min leben wirt muelich unt sur, Sol ich si lange miden, Daz Floris muose durch Blanchiflur So grozen kumber liden; bei von der Hagen, Minnesinger, I, S. 117 a.

[3]) Fl. u. Bl., S. XI f.

von Gutenburg bedient, nicht urgiren darf, so kann man doch annehmen, dass er die
Sage aus einer französischen Quelle kannte, da er in demselben Leiche auch die Frau
De la Rosche bise erwähnt[1]). Etwa um das Jahr 1230[2]) dichtete *Konrad Fleck* seine
bekannte Erzählung von „*Flore und Blanscheflur*", die in zwei Handschriften vorhanden
und zuerst von Müller im zweiten Bande seiner „Sammlung deutscher Gedichte des 12.,
13. und 14. Jahrhunderts", sedann von Emil Sommer (Quedlinburg und Leipzig, 1846)
herausgegeben ist. Fleck sagt selbst, dass er ein französisches Original, als dessen Verfasser er Ruprecht von Orbent nennt[3]), benutzt habe. Wer dieser Ruprecht von Orbent
gewesen sei, hat sich noch nicht feststellen lassen; die Form *Orbênt* ist sicher verderbt[4]),
aber, wie Eschenburg, Friedrich Schlegel und von der Hagen gethan haben, die Stadt
Orléans darunter zu verstehen, ist nicht nur mit Rücksicht auf den Reim *vergênt*, sondern auch deswegen unstatthaft, weil Orléans im Mittelhochdeutschen *Orlens* oder *Orliens*
heisst[5]). Die Angabe Püterich's von Reinerzhausen (in der Adelung'schen Monographie,
S. 14): *So hat von Orlanndt Rupert Flor Plandtscheflur aus walisch auch schön berichtet*, ist also
wohl nur eine ungenaue Erinnerung an die Fleck'schen Verse. — Mag nun aber der
Geburtsort des französischen Dichters gewesen sein, welcher er wolle, auf jeden Fall
steht fest, dass Fleck nach einer französischen Quelle gearbeitet hat. Allerdings ist er
kein sklavischer Uebersetzer, sondern meist bemüht gewesen, sich innerhalb der ihm
durch den Stoff gezogenen Gränzen eine gewisse Selbstständigkeit zu wahren; er hat
einige Aenderungen vorgenommen, die nicht ohne Geschmack sind — Manches, was das
französische Gedicht nur kurz andeutete, weiter ausgesponnen — an anderen Stellen
wiederum passende Kürzungen eintreten lassen[6]). Wenn man aber näher zusieht, so
findet man, dass er nichtsdestoweniger das französische Original ununterbrochen vor
Augen gehabt hat. Dafür spricht nicht nur ein offenbar allzu treu übersetzter Vers[7]),
sondern auch der Umstand, dass er sich einer ganzen Anzahl französischer Wörter be-

---

[1]) Ir vert mit Der vrouven sit De la Rosche Bise: bei von der Hagen, Minnesinger, 1,
S. 119 a.
[2]) Sommer, Fl. u. Bl., S. XXXIII. .
[3]) Es hât Ruopreht von Orbênt Getihtet in welschen Mit rimen ungevelschen Des ich in
tiuschen willen hân; V. 142 ff.
[4]) Sommer, Fl. u. Bl., S. 277.
[5]) Willehalm (ed. Lachmann) V. 112 u. o. Gute Frau V. 1807.
[6]) Vgl. hierzu Sommer, Fl. u. Bl., S. XII ff.
[7]) A (ed. Bekker), V. 2139 ff.: Ami ne volrai ne mari Quant jou au bel Floire ai fali; Fleck,
V. 5738 ff.: Sit ich an Flören minne Leider gevaelet hân, Sô lebe ich âne trostes wân.

diente, die sich meist genau an. den betreffenden Stellen des französischen Gedichtes wiederfinden[1]). Im Allgemeinen scheint dieser Text dem des Ms. *A* nahe verwandt gewesen zu sein und nur in wenigen Punkten von ihm differirt zu haben. Solche nicht dem deutschen Bearbeiter, sondern dem französischen Originale zuzuschreibende Differenzen sind es wohl, wenn Fleck nur siebzig Jungfrauen nennt, die sich der Admiral in dem Thurme hält[2]), wenn er den Namen des Hafens weiss, in welchem Blancetlor verkauft wird[3]), wenn er die Zeit von Flore's Aufenthalt in dem Thurme auf zwanzig Tage präcisirt[4]) und sagt, die beiden Kinder hätten sich vor Gericht ganz unerschrocken gezeigt, während sie nach der französischen ersten Version seufzten und weinten[5]). Diese letztere Abweichung nähert sich der Art und Weise, wie die Gerichtsscene in der *version populaire* erzählt wird, mit welcher die Fleck'sche Erzählung sonst nur noch den Namen Claris (*A*: Gloris) gemein hat.

Das niederdeutsche Gedicht „*Van Flosse und Blankflosse*[6]“), das erst in der zweiten Hälfte des vierzehnten Jahrhunderts entstanden zu sein scheint, ist ebenfalls aus einer französischen Quelle geflossen. Die Namen der Kinder werden ausdrücklich aus dem Wälschen ins Deutsche übersetzt[7]), der König von Frankreich wird ohne Weiteres „der König“ genannt[8]), die Verknüpfung der Sage mit der französischen Geschichte

---

[1]) Bânel (panel), bisant (besant), bliât (bliaut), bûhurdieren, lazûre, massenie (maisnie), mort, pârâge, parrieren, paske flôrie, serjant, visieren — abgesehen von den bereits eingebürgerten Amis, âmie, âmûr, âventiure, natûre. Besonders auffällig ist (vgl. mit A V. 89 f., s. S. 3, A. 5) V. 201 f.: Die wârn mit einer paile, Der besten von Thessaile — während Fleck V. 1642 selber den deutschen Ausdruck pfeller für paile kennt.

[2]) A, V. 1891: En la tor a sept vingt puceles; Fleck, V. 4182 ff.: In den gewelben über al Stânt sibenzic kemenâten Der ist ieglichiu berâten Mit einer der schoensten frouwen.

[3]) A, V. 417 u. 432: an port; Fleck, V. 1514: Ze Lunquit in die stat.

[4]) Fleck, V. 6138: Sie beliben zwênzic tage. Vgl. Sommer, Fl. u. Bl., S. 926 f.

[5]) A, V. 2827 f.: Issi parlant li enfant vinrent Plorant et par les mains se tinrent; V. 2834: Pleurant des iex, del cuer soepirent; Fleck, V. 6803 ff.: Und dar zuo kunden gebâren Als unervorhteclîche, Edelen kinden gliche.

[6]) Herausgegeben von Bruns, Altplattdeutsche Gedichte, S. 225—288, wozu Eschenburg, Denkmäler altdeutscher Dichtkunst, S. 221—280, aus einer besseren Handschrift Berichtigungen und Nachträge gelieffert hat.

[7]) V. 111 ff.: Alsus heten dusse kindere in walschen dinghen, Dat wil ek ju to dudeschen bringen. Flos bedudet eyne blome schone, Ghelikent eyner gulden kronen: Blankflos bedudet eyne blome wol; Wente se was aller dogeden vol.

[8]) V. 1 ff.: Dat gheschah to eyner tyd, Alze uns dat bok utwist, Dat van Hispanigen de konig mit siner macht Sammede grote heeres kraft, Un toch in des Koniges lant.

beibehalten[1]) und zum Theil wenigstens auch der Inhalt der in das französische Ms. *A* eingeschalteten Episode (s. S. 4) wiedergegeben. Doch kann der Verfasser des niederdeutschen Gedichtes keine der beiden uns bekannten französischen Versionen benutzt haben, sondern muss einer von diesen durchaus verschiedenen Redaction gefolgt sein. Nicht auf einer Pilgerfahrt nach dem Grabe des heiligen Jacobus, sondern bei einem Einfall der Sarazenen in die Auvergne wird Blanceflor's Mutter gefangen genommen; die Kinder werden nicht am Palmsonntage, sondern am Osterfeste geboren; der Vater Flore's entfernt, um die Kinder zu trennen, nicht seinen Sohn, sondern Blanceflor; letztere verkauft er nicht an Handelsleute, sondern schickt sie auf den Sklavenmarkt nach Rom. Die Reise Flore's, um die Geliebte zu suchen, wird bedeutend verkürzt; der Wirth, bei welchem er einkehrt, giebt keine so ausführliche Beschreibung von den Wundern des Thurms; die Gunst des Thürhüters erkauft der als Kaufmann verkleidete Jüngling einfach mit Geld. Während also das französische Original, welches Fleck vorlag, wenigstens im Grossen und Ganzen mit der *première version* übereinstimmte, müssen wir für die niederdeutsche Form der Sage ein französisches Original annehmen, das an vielen Stellen von beiden uns überlieferten Darstellungen differirte.

Eine Anspielung auf das Gedicht „*Van Flosse und Blankflosse*" findet sich in einem Liede, welches in der Strophe des jüngeren Titurel abgefasst ist und bald nach dem Gedichte selbst geschrieben zu sein scheint[2]). Dass keine andere, als eben die niederdeutsche Version gemeint ist, erhellt aus der in dem Liede gebrauchten Dativform *Blonkeflôsen* (mit dem Reim *lôsen* = *loesen*). — Noch kennt man ein Fragment von einer zweiten niederdeutschen Redaction[3]), welche, wie sich aus dem erhaltenen Bruchstücke schliessen lässt, von dem oben besprochenen niederdeutschen Gedichte ganz unabhängig ist.

Nach Boccaccio's Filocopo, auf den wir später zurückkommen werden, scheint der deutsche Prosa-Roman von Flore und Blanceflor bearbeitet zu sein, der in mehreren Ausgaben erschienen ist[4]). Aus diesem Romane schöpfte Hans Sachs den Stoff

---

[1]) V. 1554 ff.: Got gaf Blankflosse eyn kint, Dat was ghebeten Vredelingh [Berte mit dem Diminutivum]: He sette to gode berte un lif. Darna wart se koninghes Pippawes wif: Koningh Karle se bi ome wan.

[2]) Abgedruckt bei Nyerup, Symbolae, S. 94 ff.

[3]) Veröffentlicht im Morgenblatt von 1808, No. 71, S. 281—288.

[4]) Ein gar schone newe histori der hochen lieb des kuniglichen fürsten Florio: vnnd von seiner lieben Bianceffora, Metz 1499 und 1500 fol.; auch abgedruckt im „Buch der Liebe" (Frankfurt, 1587) fol. 116—179.

zu einem seiner Lustspiele[1]); auch die böhmische Erzählung von der Liebeder bei den Kinder verdankt ihm ihre Entstehung[2]). Dem deutschen Volksbuche[3]) dagegen, welches die Geschichte von Flore und Blanceflor behandelt, liegt das Fleck'sche Gedicht zu Grunde, nur an einer Stelle findet sich ein kleiner Zusatz[4]). Die Versionen im jüdisch-deutschen Dialecte sind dem Verfasser dieses Aufsatzes unbekannt geblieben. Die eine derselben beruft sich — gewiss mit Unrecht — auf ein lateinisches Original[5]), eine andere scheint die ganze Erzählung nach China zu versetzen[6]).

Enger als alle bisher erwähnten deutschen Nachbildungen schliesst sich einem französischen Texte, und zwar dem der *première version*, das niederländische Gedicht *Diederic's van Assenede* an[7]), das etwa fünfzig Jahre jünger ist als die poetische Erzählung Konrad Fleck's. Der Letztere hatte sein Muster im Allgemeinen noch frei genug nachgeahmt, aber Diederic van Assenede ist eher ein Uebersetzer, als ein Nachahmer zu nennen. Dies gesteht er auch selbst ein[8]), und obgleich man nicht leugnen kann, dass er, wie Sommer sagt[9]), „sich in den Geist der Sage und den Ton des französischen Gedichtes hineingelebt und ihm viele glückliche Züge abgelauscht hat", so zeigt doch schon eine oberflächliche Vergleichung, dass er ausser einigen selbstgemachten Uebergängen und weiter ausgesponnenen Beschreibungen sich streng an das Original gehalten hat. Abgesehen von

---

[1]) Ein Comedi, mit fünfzehen Personen, Floris des königs Son aus Hispania, mit der schön Blanceffora, vnd hat VII Actus.

[2]) Kronyka a neb historia wo welike milosti knieczete a krasle Floria a geho milee pannie Biantzefortze, Prag, 1519 fol. und 1600 8vo. Grässe, Lehrbuch einer allgemeinen Literärgeschichte, II, S. 276: „Aus dem Deutschen ging das böhmische Volksbuch hervor."

[3]) Die wahrhaftige Historie von Flos und Blankflos, Philadelphia, John Weik, gedruckt in diesem Jahre, mit Holzschnitten. Von dieser Ausgabe existiren viele Abdrücke.

[4]) Es wird nämlich erzählt, Claris hätte schelmischerweise die Träger des Korbs in dem Irrthum gelassen, der Korb, in welchem Flore lag, sei in der richtigen Kammer abgegeben worden: „Jungfrau Blankflos, das Geschenk hat euch der Thurmwart geschickt. — Als Claris den Namen Blankflos hörte, sagte sie den Knaben nicht, dass sie die rechte Kammer verfehlt hätten, sondern nahm das Geschenk mit Dank an und hiess die Knaben geben", S. 31. Vgl. damit A, V. 2297 ff. und Fleck, V. 5571 ff.

[5]) S. Serapeum, 1848, S. 384.

[6]) Nach Hanslik, Geschichte und Beschreibung der Prager Universitäts-Bibliothek, S. 571, beginnt die Erzählung: „Es war ein König aus China, derselbig hat ein grauss Krieg gehalten."

[7]) Herausgegeben von Hoffmann von Fallersleben im dritten Bande seiner Horae belgicae (Breslau, 1837):

[8]) V. 22 ff.: Het worden harde te sure Van Assenede Diederike, Dien seldijs danken ghemeenlike, Dat hijt uten walsche heeft ghedicht Ende verstandelike in dietsche bericht; V. 1359 f.: Dat seide Diederic, die dese aventure In dietsche uten walsche vant.

[9]) Fl. u. Bl., S. XV.

3

den zahlreichen Fremdwörtern, von denen er in weit grösserem Massstabe als Fleck Gebrauch macht[1]), ersieht man aus mehreren Stellen des Gedichtes, dass er der französischen Sprache nicht so ganz mächtig war, als von einem Uebersetzer zu verlangen gewesen wäre. Das Wort *présenter* nimmt er in der Bedeutung von *faire un présent*[2]), unter *ostage (hospitalité)* scheint er *ôtage* verstanden zu haben[3]), *saluer* ist ihm in dem Sinne *souhaiter de la joie*, den es zuweilen im Altfranzösischen hat, unbekannt[4]). Das Auffälligste aber ist, dass er der Muhme Flore's, die in der *première version* Sebile (Sybilla) heisst, den Namen Sante beilegt, wozu er augenscheinlich durch das Wort *sante* verleitet wurde[5]). Als eine eigentliche Verschiedenheit von dem Originale kann nur die gelten, dass er den König, der das Leben Flore's gegen den Zorn des Admirals vertheidigt, Alfages nennt (V. 3493), während weder der französische Text noch irgend eine andere Version diesen Namen bringt, den Diederic also wohl einfach erfunden hat. — Der niederländische Prosaroman[6]) und die Volksballade[7]) von Flore und Blanceflor in derselben Mundart stimmen, letztere bis auf einen Punkt[8]), mit dem Diederic'schen Gedichte vollständig überein, sind also wohl direct aus demselben entstanden.

---

[1]) Amie, balsemier, bliant, bottelghier, castangbier, clareit, conduut, corde, coverture, crijt, etc. Eigenthümlich ist auch die buchstäbliche Uebersetzung von moncés deniers (A, V. 1145) durch ghemunte penninghe (V. 1442).

[2]) A, V. 520: A l'amiral l'ont présenten; Diederic, V. 698: Ende gaven se te prosente den Ammirale.

[3]) A, V. 1056 ff.: Mais à mon diu pri qu'il me laist, Biaus dous sire, guerredoner Vostre ostage, vo bel parler; Diederic, V. 2313 f.: Sidi om hare gheporret uut So sidi dommelike hier comen.

[4]) A, V. 1579: De tous les diex l'a salué; Diederic, V. 2064: Van al den goden quedde hine overluut.

[5]) A, V. 365: Et sante li a fait grant joie; Diederic, V. 433: Vrouwe Sante, die vrouwe van der port. Sante steht im französischen Texte für s'ante = sa ante; im Altfranzösischen wurden nämlich ma, ta, sa vor Vocalen, statt in die männlichen Formen überzugehen, apostrophirt. Erhalten hat sich noch m'amie (mein Liebchen), und das neufranzösische tante ist bekanntlich auch weiter nichts als das zu einem Wort verwachsene ta ante (lat. amita). — Noch sei hier als ein ferneres Zeichen von Diederic's geringer Kenntniss des Französischen erwähnt, dass er den Lehrer Floro's nicht mit der Nominativform Gaides, sondern in einer dem Accusativ Gaidon nachgebildeten Form (V. 300: Gaydoen) nennt.

[6]) De historie van Floris en Blancefleur, Amsterdam, 1817. Vgl. Van den Bergh, De nederlandsche Volksromans, S. 1ff.

[7]) Van Floris en Blanchefleur, in neunzehn achtzeiligen Strophen, abgedruckt bei Baecker, Chants historiques de la Flandre, p. 121, und bei Coussemaker, Chants populaires des Flamands de France, p. 177.

[8]) Diese Abweichung verdient deshalb erwähnt zu werden, weil sie sich merkwürdigerweise in Boccaccio's Filocopo wiederfindet, und besteht darin, dass Flore nicht, wie es sonst heisst, in den Thurm

11

Was die skandinavischen Versionen der Sage anbetrifft, so ist zunächst die isländische Prosa-Erzählung zu erwähnen, von welcher vier, zum Theil lückenhafte Mss. existiren. Ein isländisches Gedicht, das sich mit unserem Stoffe beschäftigt, ist ausser dem von Thorlacius Gudbrandssohn in der zweiten Hälfte des siebzehnten Jahrhunderts verfassten nicht vorhanden [1]); von den vier Handschriften des Prosa-Romans ist eine, die sich in Rask's Besitz befand, sowie das Fragment einer zweiten [2]) noch nicht veröffentlicht; die dritte, sowie das Fragment der vierten hat Brynjolf Snorrason unter dem Titel *Saga af Flóres ok Blankiflúr* herausgegeben [3]). Die letzteren beiden Mss. stammen aus dem fürfzehnten Jahrhunderte, und ihr Text ist wahrscheinlich auch nicht viel älter. Nichtsdestoweniger aber haben die Skandinavier die Geschichte von Flore und Blanceflor in irgend einer Reduction gewiss schon früher gekannt, da wir bereits in *Girardhs Rímur* einer Anspielung auf das Schicksal der beiden Kinder begegnen. Die beiden durch den Druck bekannt gewordenen Handschriften bieten in Form und Inhalt wesentliche Abweichungen, die sich sogar auf die Eigennamen erstrecken [4]), so dass sie nicht Copien desselben Originals sein können und es also schon vor ihrem Entstehen verschiedene Darstellungen der Sage im Norden gegeben haben muss. Auch wenn wir von dem Fragmente ganz absehen und uns nur mit dem vollständig überlieferten Texte beschäftigen, so kommen wir, trotz der entgegenstehenden Ansicht Du Méril's, zu dem Schlusse, dass diese Form der Sage nicht direct aus dem Französischen entnommen, sondern durch eine ältere skandinavische Version vermittelt ist. Wenn auch manche Namen, wie der von Flore's Lehrer, so ziemlich dieselben geblieben sind, so können doch andere, wie die in Anm. 5. genannten Mustorie, Ligoras, Toris, ferner Beludator und Eloris nicht unmittelbar für Montoire, Joras, Licoris, Baudas, Gloris geschrieben sein, sondern setzen eine schon vorangegangene altnordische Redaction voraus. Einige

getragen, sondern an einem Stricke zum Fenster hineingezogen wird: Haer Floris vromen Bedekt met blomen, Zy trokken hem zeer trouw Op den toren met een touw; Str. XIV.
[1]) S. Halfdan Einarsson, Historia literaria Islandiae, S. 89. Annaler for nordisk Oldkyndighed, 1850, S. 362.
[2]) Lange, Norsk Tidskrift for Videnskab og Literatur, Christiania, 1847, S. 88.
[3]) Annaler for nordisk Oldkyndighed, 1850, S. 6—60 und 68—84.
[4]) Geirardhs Rímur, Ges. VII, Str. 10: Harma bann att Flóres fann I fraegdbum trúr, Lek um bann thvi brjóstidh brann Firir Blankinflúr.
[5]) In dem Fragment heisst der Lehrer Floire's Goridas — der Ort, wohin er verbannt wird, Mintorie — Sibile's Mann Goneas — die Frau des Daires Lidernis; in dem anderen Texte lauten dieselben Namen Geides, Mustorie, Ligoras, Toris.

Züge haben sich allerdings unverfälscht erhalten; es wird sogar noch auf das Französische Bezug genommen[1]) und der Ausdruck *camp flori* besonders übersetzt[2]). Dagegen erscheint die Jugendgeschichte der beiden Kinder bedeutend vereinfacht; die ausführliche Beschreibung von dem Grabdenkmal Blanceflor's fällt fort und es wird nur die auf demselben befindliche Inschrift mitgetheilt; auch das Selbstgespräch Flore's, bevor er sich in die Löwengrube wirft, ist übergangen. Wenn schon diese Kürzungen an die zweite französische Version erinnern, so noch weit deutlicher der Schluss des Romans. Nachdem Flore nämlich erzählt hat, auf welche Weise er in den Thurm gelangt sei, fordert er jeden, der an seinem Worte zweifelt, zum Zweikampfe heraus und wirft zum Zeichen dessen seinen Handschuh hin. Ein im ganzen Oriente durch Tapferkeit und Körperkraft berühmter Krieger nimmt auf Geheiss des Admirals den Handschuh auf, aber Flore überwindet ihn leicht mit Hülfe des Zauberringes. Jetzt darf Blanceflor ihm nicht länger vorenthalten werden und er heirathet sie. Drei Jahre darauf unternimmt er mit seiner Frau eine Reise nach Frankreich; in Paris empfindet Blanceflor Gewissensbisse darüber, dass sie sich mit einem Heiden vermählt hat, und will, wenigstens auf einige Zeit, ins Kloster gehen. Aber Flore lässt sich taufen, und beide ziehen mit einem Bischofe und Priestern wieder nach Babylon zurück. Hier zwingen sie ihre Unterthanen, Christen zu werden, lassen Kirchen bauen und beeilen sich, Klöster zu gründen. — Leider sind die letzten Verse der zweiten französischen Version verloren gegangen, und es lässt sich also nicht feststellen, in wie weit ihr Inhalt mit dem Ausgange der isländischen Erzählung übereinstimmte. Wahrscheinlich aber ist er demselben nahe verwandt gewesen, und der Verfasser der ursprünglichen isländischen Version hätte demnach ein französisches Original benutzt, das der populären Version wenigstens einigermassen ähnlich war.

Aus derselben skandinavischen Quelle, welcher der isländische Roman seine Entstehung verdankt, ist wahrscheinlich auch das schwedische Gedicht *Flores och Blanceflor* hervorgegangen, welches zu den Euphemia-visor und somit zu den Gedichten gehört, die auf Veranlassung der norwegischen Königin Euphemia († 1312) aus fremden Sprachen übersetzt worden sind[3]). Die Differenzen, welche die schwedische Redaction im Ver-

---

[1]) Annaler for nordisk Oldkyndighed, 1850, S. 6: En blómi heitir flúr á völsku.

[2]) Ebendas., S. 22: That kölludhu heidnir menn. Paradis edhr Blómstrurvöll, er se stendr medh blóma; vgl. A. V. 788.

[3]) Von „Flores och Blanceflor" existiren vier Mss.; eines derselben ist von Gustav Klemming als erster Band der Samlingar utgifna af svenska fornskrift-sällskapet, Stockholm, 1844, herausgegeben.

gleich mit der isländischen bietet, lassen sich im Allgemeinen darauf zurückführen, dass der schwedische Uebersetzer sich treuer an den ihm vorliegenden Text hielt, als der isländische Bearbeiter. Noch entsprechen die Namen Gorias, Licoris, Bondag den französischen Formen weit mehr, als dieselben Namen in der isländischen Erzählung (s. S. 11); sogar einige französische Wörter haben sich noch in den schwedischen Text herübergerettet[1]. Andrerseits hat die isländische Erzählung die in der ursprünglichen Handschrift vorgefundene, aus *Naples* verderbte Form *Aples* bewahrt, während der schwedische Dichter *Aples* noch weiter zu *Apulia* corrumpirte[2]. Sonst aber stimmen die isländische und schwedische Bearbeitung meist überein; beide nennen z. B. den Babylonier, der sich in der Gerichtssitzung zu Gunsten der Kinder ausspricht, Marsilias, und verändern den Schlossnamen Monfelis in Felis[3]. Die grösste Aehnlichkeit aber zeigt sich am Schlusse der Sage; in beiden Darstellungen wird auf ganz gleiche Weise erzählt, wie Flore und Blanceflor nach dem dritten Jahre ihrer Verheirathung Frankreich besuchen und in Paris ankommen, wie Blanceflor den Wunsch hegt, Nonne zu werden, und Flore in Folge dessen sich bekehrt, wie sie darauf die Rückkehr in ihr Reich antreten, Bischöfe und Priester mitnehmen, ihren Unterthanen die Taufe aufzwingen und in ihrem Lande Kirchen und Abteien anlegen. Eine so genaue Conformität lässt kaum noch einen Zweifel übrig, dass beide Versionen einen gemeinschaftlichen Ursprung haben, der, wie wir sahen, am besten in einer älteren skandinavischen Handschrift gesucht wird.

Das dänische Gedicht, das den Titel *Eoentyret om Flores og Blantzeflores* führt, ist mindestens schon viermal im Druck erschienen[4]), der Verfasser dieser Abhandlung kennt aber nur das kurze im „Althochdeutschen Museum" (II, S. 350—352) veröffentlichte Bruchstück. Dieses dänische Gedicht soll nach der Behauptung Einiger eine Uebersetzung des schwedischen sein[5]), während Du Méril geneigt scheint, es für eine Nachbildung des isländischen Romans zu halten[1]). Es wäre der Mühe werth zu

[1]) Amur, bliald, kompao, kompanjon, list.
[2]) A, V. 121: A Naples à la cité bele; Fleck, V. 398: Und do er ze Naples üz stieg; Isl. Vers., Annaler etc., S. 6: Felix hefir konúngr heitit i borg peirri, er Apels heitir; Schwed. Ged., V. 8: Fenix aff Apulia swa heet han, und V. 59: Til Apuliæ borgh man the tidhande fra.
[3]) Isl. Vers., Annaler etc., S. 32: En ödbru megin sundsins var fjall eitt, er Felis hèt; Schwed. Ged., V. 721: Annan vaeghin la eet bergh, heet Foelis.
[4]) S. Klemming, Annaler etc., S. XXIV.
[5]) Nyerup und Rahbeck, Bidrag til den danske digtekonsts historie, I, S. 105 ff.
[6]) Du Méril, p. LVII (nicht LXVII, wie fälschlich paginirt ist): Toute basardée que soit une

untersuchen, ob nicht auch dem dänischen Texte das von uns für die isländische und schwedische Darstellung angenommene altnordische Original zu Grunde liegt, welches dann also für die Redactionen in allen drei skandinavischen Sprachen die Sage aus Frankreich importirt hätte.

Im Gegensatz zu den eben besprochenen Versionen ist das englische Gedicht wieder unmittelbar aus dem französischen entnommen, und zwar aus einem dem Ms. *A* verwandten Texte. Dasselbe hat schon frühzeitig dazu beigetragen, die Sage von Flore und Blanceflor in England populär zu machen[1]), ist aber nur in zwei dem vierzehnten Jahrhunderte angehörigen Handschriften erhalten, die leider beide am Anfange verstümmelt sind. Nur eine derselben ist bis jetzt veröffentlicht worden, und noch dazu in sehr ungenügender Weise[2]). Man erkennt auf den ersten Blick, dass man es mit einer durchaus nüchtern gehaltenen Uebersetzung zu thun hat, die jeder schöpferischen Kraft entbehrt und der Sage jenes dichterische Colorit abgestreift hat, das Fleck und zum Theil auch noch die niederländische Nachbildung zu entfernen sich wohl gehütet haben. Alle nur einigermassen entbehrlichen Züge, mochten sie auch sonst noch so poetisch sein, hat der englische Uebersetzer für überflüssig gehalten und entweder ganz übergangen oder bedeutend verkürzt. So wird z. B. die Erzählung, wie Flore den Thurmwächter für sich gewinnt, zu welcher das französische Ms. *A* gegen hundert (2193—2280) und Fleck vierhundert Verse (4931—5328) verwendet, in vier Zeilen zusammengezogen[3]). Sonst aber stimmt die englische mit der ersten französischen Version fast vollständig überein. Auf den häufigen Gebrauch französischer Wörter[4]) ist zwar kein grosses Gewicht zu legen, da das Englische bekanntlich eine grosse Menge von Ausdrücken aus

conjecture qui ne s'appuie que sur la popularité, si différente en Danemark, des deux langues, et sur le rapport intime des deux autres rédactions, nous y verrions plutôt aussi l'imitation immédiate d'un texte islandais.

[1]) Ritson, Ancient english metrical romances, II, S. 211: In the thrydde korner wyth grete honour Was Florys and dam Blauncheflur, etc.

[2]) In Henry Hartshorne's Ancient metrical tales, London, 1829, S. 81—126. Dieses (das Cambridger Ms.) beginnt mit der Beschreibung des Saumthieres, das der Vater Flore's ihm auf die Reise nach Babylon mitgiebt (A, V. 1176); das Auchinleck'sche Ms. wird von Ellis, Specimens of early metrical romances, S. 453 ff., besprochen. Eine dritte Handschrift ist bei dem Brande der Cotton'schen Bibliothek (1731) verloren gegangen, gleichzeitig mit dieser übrigens noch das Ms. einer französischen Version unserer Sage: s. Du Méril, p. LXI und CCV. Warton, History of English poetry, I, p. CCLIII

[3]) Ausg. v. Hartshorne, S. 97, V. 7—11: Son also Florie hath i-wrowt, Also Darie him hath i-cawt; That though his gold and his garsome The perter is his man becom.

[4]) Aginour und ginour, assoine, damesele, fin, gabbe, meniver, oriesoun, parage, stage, etc.

dem Romanischen entlehnt hat; doch darf auch nicht übersehen werden, dass in den früheren Perioden die Sprache sich der Fremdwörter nur äusserst sparsam bediente. Wichtiger aber ist, dass manche in der französischen Darstellung berührte Einzelheiten, die für den Gang der Erzählung von gar keiner Bedeutung sind, sich trotz des Bestrebens, das dem englischen Uebersetzer eigen ist, nur die Hauptsachen zu erwähnen, sich dennoch zufälligerweise in seiner Arbeit wiederfinden. Der Wirth in Babylon ist zwar nicht mehr *pontonier*, aber er führt noch denselben Namen, wohnt am Ende der Brücke, ist ein genauer Bekannter jenes Wirthes, bei welchem Flore früher eingekehrt war[1]), und erhält von demselben einen Ring, der als Empfehlung für Flore dienen soll[2]). Der Fluss, welcher die Gärten des Admirals bewässert, kömmt gleicherweise aus dem Paradiese und führt dieselben Edelsteine mit sich[3]). Wie in der *première version* bezeichnet ein Baum durch einen Blüthenregen die Jungfrau, welche der Admiral heirathen soll, und wird hier ebenfalls der „Liebesbaum" genannt[4]). Die dem Zauberringe, welchen die Königin ihrem Sohn Flore schenkt, innewohnenden Kräfte werden hier wie dort mit einer Ausführlichkeit geschildert, die mit den später erzählten Ereignissen gar nicht im Einklange steht[5]). Kurz, Alles vereinigt sich, um die englische Version als einen directen Abkömmling der französischen *première version* zu kennzeichnen. —

Die Geschichte von Flore und Blanceflor hat auch Boccaccio den Stoff zu dem *Filocopo*[6]) betitelten Romane geliefert, doch erscheint sie hier in einer ganz fremden, von den bisher besprochenen Formen vielfach abweichenden Gestalt. Treffend charakterisirt Sommer[7]) den Filocopo mit folgenden Worten: „Hier greifen fast alle Götter des

---

¹) A, V. 1558: Mes compains est, de mon mestier, und V. 1661 f.: De nos deus pors somes compains, Parmi partomes le gasing; Engl. Ged., S. 87, V. 25: We beth wed breththen, and trewthe iplizt.

²) A, V. 2119 ff.: Demain irés droit à la tor Con que furissiés engingeor, etc.; Engl. Ged., S. 84, V. 21 ff.: Wende to morwe to the tour, As thou were a god ginour, And nim in thin honds quis and santelour, Als that thou were a masoun.

³) A, V. 2013 ff.; Engl. Ged., S. 93, V. 4 ff.

⁴) A. V. 2047 f.: Por cou que tos jors i a flors, L'apele on l'abre`d'amors; Engl. Ged., S. 93, V. 23 f.; Hit is i-cleped the tre of love For flours and blosimes beth en above.

⁵) In A ist diese Stelle (V. 1004 f.) allerdings kürzer gefasst, in B aber heisst es (Du Méril, p. 82): Fers ne te porra entamer, Ne feu ardoir ne encombrer. Fiuz, cest annel a tel puissance, Que bien i doiz avoir fiance; Saches que tant com tu l'auras, A rien que quieres ne faudras; Engl. Ged., S. 81, V. 10 ff.: While thou hit hast, donte the no thing, Bestir de brenne, ne drencher in se, Ne iren ne stel schal derie the; And be it erli and be it late, To the (l. thi) wil thou schalt have whats.

⁶) Ausgaben: Venedig, 1575. Florenz, 1829.

⁷) Fl. u. Bl., S. XX.

classischen Alterthums in das Schicksal der Liebenden ein, und mit Verzauberungen und
Entzauberungen, mit vielem rhetorischen und allegorischen Prunk wird die Sage zum
überladenen Liebesroman ausgesponnen, in welchem ihre ursprüngliche Naivetät, die sie
auch unter den Händen der ungeübtesten älteren Bearbeiter nie ganz eingebüsst hatte,
vollständig aufgegeben und damit nicht bloss ein zufälliger Reiz der Gedichte, sondern
·der Kern der Sage zerstört ist." Trotz alledem sieht man aber doch bald, dass im
Grunde nur die Form Boccaccio angehört und dass er den Stoff einer früheren Redaction
verdankt. Zunächst sprechen dafür gewisse Eigennamen; der Wirth, welcher Flore die
Schwierigkeit seines Unternehmens vorstellt, heisst hier Dario, in der ersten französi-
schen Version Daires; die Gefährtin Blanceflor's, welche alle anderen Redactionen sonst
Claris nennen, führt in der *première version* den Namen Gloris, der in der Form Gloritia bei
Boccaccio nur eine andere Endung angenommen hat; ähnlich verhält es sich mit dem
Namen von Flore's Vater, der in dem Bekker'schen Texte Felis, im Filocopo Fenice ge-
nannt wird, wozu das Fleck'sche Fenix passt. Auch der Zauberring, der aus Wasser und
Feuer rettet, findet sich im Filocopo wieder[1]), und seine Eigenschaften sind hier für die
Erzählung ebenso wenig nothwendig, als in der französischen Redaction; denn wenn er
auch die beiden Kinder vor den Flammen des Scheiterhaufens schützt, so muss doch
erst noch die Liebesgöttin Venus erscheinen, um den Rauch unschädlich zu machen.
Am meisten hat Boccaccio's Roman mit der französischen *version populaire* Aehnlichkeit.
Als Flore nach Montoire geschickt wird, giebt ihm Blanceflor einen andern Ring, dessen
Stein durch Veränderung der Farbe ihm jedes Unglück, das ihr zustösst, kund thun
soll[2]). Die Anklage, die gegen sie erhoben wird, dass sie mit einem vergifteten Fleisch-
stücke den König habe umbringen wollen; die heimliche Rückkehr Flore's, sein Kampf
mit dem Seneschal, sein Sieg über denselben, sodann überhaupt sein mehr männliches
als kindliches Auftreten: alles dies wird im Filocopo ähnlich, wie in der populären" französischen Version dargestellt. Auch der Schluss der Erzählung, wonach nicht die Grossmuth des Admirals, sondern Flore's ungewöhnliche Tapferkeit Blanceflor das Leben rettet,

[1]) Esso ha potenza di far grazioso a tutte genti colui che seco il porta: e le cocenti fiamme di
Vulcano fuggono e non nocciono nella sua presenza, ne è ricevuto ne gl'ondosi regni di Nettuno chi seco
il tiene; l. IV.

[2]) In lui (anello) questa mirabile virtù troverai, che a qualunque persona il donerai, ella riguar-
dando in esso, conoscerà incontanente se noioso accidente avenuto ti fosse, perciò ch'il color d'esso anello vedrà mutato e si tosto come l'harà veduta la piedra tornerà nel primo color bello; l. II.

stimmt in beiden überein, nur mit dem Unterschiede, dass Flore in der *version populaire* einen fremden Herrscher, im Filocopo mit Hülfe seiner Gefährten das Heer des Admirals besiegt.

Neben diesen zahlreichen Berührungspunkten mit der französischen Form der Sage hat aber der Boccaccio'sche Roman andrerseits manche Eigenthümlichkeiten, die ihn scharf von den französischen Versionen trennen. Dahin gehören z. B. die Namen der Lehrer Flore's (Racheo[1]) und Ascalione), der Hauptstadt seines Königreiches (Marmorina), des Herzogs von Montoire (Feramonte), des Seneschals (Massamutino). Diese Namen, sowie einige andere Details, auf die wir später eingehen werden, sind Beweis genug, dass der italiänische Dichter Quellen benutzte, die uns heut nicht mehr zugänglich sind. Wo wir diese Quellen zu suchen haben, ist allerdings eine noch offene Frage. Nach Du Méril's Muthmassung (S. LXX) hat Boccaccio die Sage direct wieder aus dem Orient bezogen, und dies ist bei seinem intimen Verkehr mit Gelehrten, die längere Zeit in Constantinopel gelebt hatten und in der griechischen Literatur bewandert waren, gar nicht unmöglich, zumal er selbst seinen Lehrer Leontius ein unerschöpfliches Archiv von griechischen Erzählungen und Fabeln nennt[2]). Möglich ist dabei, dass ihm der Stoff schon in der mythologischen Hülle, mit der wir denselben bei ihm bekleidet vorfinden, zuging. — Eine zweite Annahme wäre die, dass er während seines Aufenthalts in Paris die Erzählung von Flore und Blanceflor kennen lernte; denn wenn er an einer Stelle des Filocopo sagt, die Sage wäre bisher noch nicht poetisch bearbeitet worden[3]), so meint er, zumal diese Worte Fiammetta in den Mund gelegt werden, wohl nur, dass noch kein italiänischer Dichter den Stoff behandelt habe, und es könnte ihm also eine poetische Darstellung in französischer Sprache immerhin bekannt gewesen sein. —

---

[1]) Oder haben wir es hier mit einer anderen Form des Namens Richier, wie in A der erste Wirth Flore's heisst, zu thun?

[2]) Vgl. die beiden bei Du Méril (S. LXX) citirten Stellen De genealogia deorum, l. XV, c. 6: Leontius, literarum graecarum doctissimus, et quodammodo graecarum historiarum atque fabularum arcivum inexhaustum; und ebendas. (S. 390 der Baseler Ausgabe von 1532): Et si usquam curiosissimus fuit homo in perquirendis, jussu etiam principis, peregrinis undecunque libris, historiis et poeticis operibus, iste (Perusinus) fuit. Et ob id, singulari amicitia Barlaae junctus, quae a Latinis habere non poterat, eo medio innumera exhausit a Graecia.

[3]) L. I: Certo grande ingiuria receve la memoria de gli amorosi giovani pensando alla gran constantia de gli loro animi. iquali in un volere per l'amorosa forza sempre furono fermi serbandosi ferma fede, a non esser con debita ricordanza la loro fama essaltata da versi d'alcun poeta, ma lasciata solamente ne favolosi parlari de gli ignoranti.

5

Drittens ist es auch denkbar, dass Boccaccio die S. 17 Anm. 3. erwähnten *favolosi parlari de gli ignoranti*, wie er sie in seinem Vaterlande oder in Frankreich hörte, gesam-
melt und daraus im Auftrage seiner Geliebten[1]) den Filocopo zusammengesetzt hat. Trotz
seiner vielfachen Mängel fand übrigens dieser Roman bald eine grosse Verbreitung.
Schon im Jahre 1485 erschien davon eine französische Uebersetzung[2]), eine zweite wurde
im Jahre 1442 von Adrien Sevin veranstaltet[3]), welche letztere mehrere Auflagen erlebt
hat und also bei dem französischen Publikum besonders beliebt gewesen zu sein scheint.
Auch der deutsche Prosa-Roman ist, wie wir bereits Seite 8 angedeutet, wahrscheinlich
nach dem Filocopo bearbeitet.

In Italien selbst aber war Boccaccio nicht der Einzige', der die Sage von Flore
und Blanceflor behandelte; sie wurde ausserdem noch der Gegenstand zweier in *ottave
rime* geschriebenen Gedichte. Das eine derselben hat *Ludovico Dolce*, und zwar
nach Apostolo Zeno's Angabe, in früher Jugend[4]), verfasst, jedoch sind davon nur die
ersten neun Gesänge gedruckt worden (*Amore di Florio et di Biancafiore*, Venedig, 1532).
Wie Libri behauptet, wäre das Dolce'sche Gedicht nichts anderes, als eine poetische Um-
bildung des Filocopo[5]); da dasselbe aber viel zu wenig bekannt und noch nicht sorgfältig mit anderen Versionen verglichen ist, so wissen wir nicht, ob Libri Recht hat.
Gewiss falsch aber ist die Annahme Tasso's und Anderer[6]), das zweite der erwähnten
Gedichte in *ottave rime*[7]) rühre von Boccaccio selber her; diese Redaction der Sage
charakterisirt sich vielmehr offenbar als das Erzeugnjss eines Jongleurs, wie nicht nur
aus der ganzen Darstellungsweise, sondern auch daraus hervorgeht, dass der Verfasser
am Anfange sein Auditorium ersucht, ihm zuzuhören[8]), und im Verlaufe der Erzählung
gelegentlich eine naive Bemerkung fallen lässt[9]). Das Gedicht scheint übrigens seiner

---

[1]) Dies war Maria von Arragonien, die natürliche Tochter Roberts von Neapel und Enkelin
Karl's von Anjou.
[2]) S. Eschenburg, Denkmäler altdeutscher Dichtkunst, S. 214.
[3]) Mélanges tirés d'une grande bibliothèque, XIV, S. 334—368.
[†]) S. Eschenburg, Denkmäler altdeutscher Dichtkunst, S. 213.
[5]) S. Catalogue de la bibliothèque de M. Libri, citirt bei Du Méril, p. LXXIII.
[6]) Tasso, Discorso sulla poesia heroica; vgl. Opuscoli di autori siciliani, XX, p. 298.
[7]) Ausser den fünf bei Brunet. Manuel, II, S. 295, erwähnten Editionen dieses Gedichts werden zwei in dem Catalogue de la bibliothèque de M. Libri beschrieben (s. Du Méril, p. LXXI). Eine
englische Uebersetzung desselben soll im Jahre 1485 Caxton veröffentlicht haben (s. Du Méril, a. a. O.).
[8]) E'l nome del baron vi conteraggio (Se m'ascoltate), che andava in viaggio.
[9]) Nachdem er von dem Korb gesprochen hat, in welchem Flore verborgen liegt, setzt er hin-
zu: Io non vorria per una gran cittade Essere stato quivi ove fu egli.

Sprache nach älter zu sein, als das Ludovico Dolce's und ist, wenn man dem Jongleur Glauben schenken darf, mit Benutzung einer schriftlichen Quelle entstanden [1]). Mag nun eine solche schriftliche Aufzeichnung ihm zu Grunde gelegen haben, oder nicht, auf jeden Fall ist die Ueberlieferung, welcher der Jongleur folgt, eine zuweilen von den anderen Versionen abweichende; dies zeigt zunächst die Form mancher Eigennamen, die eine corrumpirte mündliche Tradition vorauszusetzen scheinen; der Vater Blanceflor's z. B. heisst Messer Jacopo, ihre Mutter: Tropatia[2]), ihre Freundin im Thurme: Gloria; einige Namen, wie Migliore (die Mutter Flore's) und Belizante (der erste Wirth) finden sich sogar in den uns sonst bekannten Redactionen überhaupt nicht wieder. Sodann werden die Kinder allerdings ebenfalls an einem christlichen Feste geboren, aber nicht mehr am Palmsonntage, sondern, ihren Namen „Blume", und „Weissblume" angemessener, im Monat Mai, um die Zeit der Pfingsten[3]). Auch der Umstand, dass Gloria in ihrem Bericht über das plötzliche Erscheinen Flore's offen erzählt, sie habe einen schönen Jüngling in dem Korbe gesehen[4]), stimmt nicht zu der Art und Weise, wie dieser Theil der Geschichte gewöhnlich dargestellt wird. Die vorzüglichen Tugenden des Ringes ferner werden in dieser Version nicht bloss genannt[5]), sondern kommen auch insofern zur Anwendung, als die Liebenden dadurch dem Flammentode entgehen[6]). Am meisten endlich differirt der Schluss der Erzählung; der Admiral hat einen Sohn, dessen gefühlvolles Herz von den Leiden des liebenden Paares gerührt wird und der durch dringende Bitten den Zorn seines Vaters besänftigt[7]). — Daneben aber verleugnet das Gedicht doch nicht alle Verwandtschaft mit den französischen Formen der Sage. Entschiedene Aehnlichkeit zeigt es mit der *version populaire*, doch auch mit der *version aristocratique* stimmt es in einigen Punkten überein. Der König verkauft Blanceflor, wie im Filocopo und in der *version populaire*, nicht selbst, sondern beauftragt, wie in der

---

[1]) Essendo la battaglia incominciata, Si come narra il libro dell' historia.

[2]) Bei Boccaccio, sowie in der spanischen und neugriechischen Version: Topatia.

[3]) Partorirno (sic) in una medesma sera Di maggio, ch'era la rosa in sua spina . . . Lo fresco giorno di Pasqua rosata.

[4]) Io viddi una persona molto bella Ch'usci di cesta, e diemmi gran temore.

[5]) E guarda bene che un castello, Insin che l'hai non potrai perire Nè in fuoco nè in acqua nè in battalia.

[6]) Et ambedue si stavano abbracciati Quando che messi fur nel fuoco ardente. La virtù de l'anel gli ha scampati Che'l fuoco all' hor non s'appressa niente.

[7]) Un figlio ch'era del Rè, prode e saggio, Disse al padre: Intendi il mio tenore, etc.

version aristocratique einen Bürger, so hier zwei Edelleute mit diesem Geschäft[1]), und der Becher, auf welchem der ganze trojanische Krieg dargestellt ist, bildet gleicherweise neben der genauen Angabe des gemünzten Geldes[2]) einen Theil des Kaufpreises[3]). Zu letzterem gehören nach den uns überlieferten französischen Handschriften allerdings keine Vögel; ¡dieselben müssen aber in den Manuscripten aufgeführt gewesen sein, die von Fleck und Diederic von Assenede benutzt worden sind[4]), und so figuriren denn unter den Gegenständen, die als Bezahlung für Blanceflor gelten, einige Vögel auch in dem italiänischen Gedichte[5]). An einer anderen Stelle scheint der Verfasser einen Scherz des französischen Dichters für Ernst genommen zu haben. In der *première version* sagt nämlich der Wirth Richier, als Flore in seiner Zerstreuung Wein vergossen hat, scherzweise, dafür müsse Strafe gezahlt werden[6]); in dem italiänischen Gedicht vergiesst Flore den Wein durch Zerbrechen eines Glases und ersetzt den Verlust wirklich durch ¿ein silbernes Gefäss[7]). — Während so auf der einen Seite diese Bearbeitung sich an die erste französische Redaction anlehnt, hat sie auf der anderen Seite auch eine gewisse Aehnlichkeit mit dem Boccaccio'schen Roman. In der *version aristocratique* hofft die Königin, Flore werde während seines Aufenthaltes in Montoire Geschmack an anderen Frauen finden[8]); im Filocopo versuchen denn auch wirklich junge Mädchen, den Jüngling zu verführen, und das Gedicht in *ottave rime* beschreibt ihre Verführungskünste, durch die aber Flore sich keineswegs zur Untreue gegen Blanceflor verleiten lässt, ganz ausführ-

---

[1]) Due cavalieri savi e saputi; A, V. 424 ff.: Par un borgois illoec l'enuoie, Qui de marcié estoit moult sages Et sot parler de mains langages.

[2]) E mille scudi d'oro lavorati; A, V. 437: Trente mars d'or et vingt d'argent. Zu dem Ausdrucke scudi d'oro lavorati vgl. das französische monets deniers (A, V. 1145).

[3]) Ed una coppa d'oro nobilmente, Che lavorata era de tutte le bande Tutta l'historia di Troia la grande; A, V. 441—512: Et une ciere coupe d'or, etc.

[4]) Fleck, V. 1551 f.: Und zwénzic bebeche wünneclich, Zwelfe mûzeten sich; Diederic, V. 620 f.: Driehondert vogle, die goet waren, Hondert valken, haveke, sporewaren.

[5]) Astori, bracchi, falconi amaestrati.

[6]) A, V. 1321 ff.: L'ostes s'escrie: il est fourfais; Amendes nos sera' cix plais. Cou est voirs (B: drois), cou dient tres tuit.

[7]) A tavola sedeva un bel donzello, E vi mangiava in una caminata; In mano si tenea un bel coltello, Una tazza di vetre hebbe spazzata; E l'hoste disse: O nobil garzoncello, Che la tazza di vetro mi sia pagata. E Florio disse non haver spavento, E fegli dare una tazza d'argento.

[8]) A, V. 325 ff.: Des qu'ele (Sebile) l'occison saura, S'ele puet, oblier li fera La crestyene Blanceflor Par le confort d'une autre amor; vgl. V. 360 f.: Aprendre l'en maine Sebile O les puceles de la vile.

lich[1]). · Der Korb, in welchem Flore verborgen ist, wird nicht von Dienern, welche die richtige Thür verfehlen, in Gloria's (Gloritia's) Kammer gestellt, sondern von dieser an einem Stricke zum Fenster hineingezogen[2]). Am schlagendsten aber ist die Uebereinstimmung in folgendem Punkte, den alle anderen Versionen nicht kennen: der Admiral will für Blanceflor Blumen aus dem Korbe nehmen und reisst dabei Flore einige Haare aus, ohne den Jüngling zu entdecken[3]). — So sehen wir denn, dass das Gedicht des italiänischen Jongleurs einige Züge mit der *version aristocratique*, andere mit dem Filocopo theilt, während es im Uebrigen theils der *version populaire*, theils einer eigenen Tradition folgt.

In Spanien war unsere Sage bereits im dreizehnten Jahrhunderte bekannt, da es in der *Gran Conquista de Ultramar* heisst, Flore und Blanceflor seien die verliebtesten Personen gewesen, von denen man je hätte reden hören[4]). In der Mitte des vierzehnten Jahrhunderts sodann vergleicht der Erzpriester von Hita die Treue einer Dame mit der Blanceflor's[5]), und funfzig Jahre später citirt Francisco Ynperial die beiden Kinder als ein berühmtes Liebespaar[6]). Trotz der Popularität, der sich also die Geschichte von Flore und Blanceflor wohl schon frühzeitig in Spanien erfreute, hat sich doch keine spanische Romanze erhalten, die diesen Gegenstand behandelte; wir kennen nur eine Prosa-Version[7]), die in den ersten Jahren des sechzehnten Jahrhunderts entstanden zu sein scheint, die aber auf jeden Fall zu einer früheren spanischen Redaction in enger

---

[1]) So heisst es u. a. von diesen beiden „Damen": Ciascuna gli mostrava il suo bel petto Ch'era si pretioso, e le mammelle.

[2]) Boccaccio sagt: Fu portato (Florio) a pie della torre: quivi fatta chiamare Gloritia, la quale al serviggio di Biancofiore dimorava, a lei fece la cesta collar suso ad una finestra. Ebenso stellt eine Abbildung auf dem Titelblatt der Florenzer Ausgabe des Gedichtes die Sache dar. Vgl. übrigens S. 10, Anm. 8.

[3]) Die Stelle im Filocopo lautet: Mise allhora l'Ammiraglio la mano in quella, e pensando a Biancofiore a cui mandar la deveva, tanto affettuosamente di quelle prese, che de biondi capilli seco tirò, ma non gli vide. Damit vergleiche man folgende Verse des italiänischen Gedichtes: E l'Ammiraglio prese in veritade Di quelle rose, e di bel fior novelli, E si ne prese per tal volontade, Che a Florio si tirò forte i capelli.

[4]) L. II, C. XLIII: Estos amos fueron los mucho enamorados que ja oystes hablar, und kurz vorher heisst es: Segun su ystoria lo cuenta.

[5]) Wiener Jahrbücher, Bd 58, S. 252, Anm. 2: Ca nunca fue tan leal Blanceflor á Flores, Nin es agora Tristan á todos sus amores.

[6]) Cancionero de Baena, S. 204: El è su muger ayan mayores Que los de Paris è los de Vyana E de Amadis è los de Oryana E que los de Blancaflor è Flores.

[7]) Die älteste Ausgabe der Historia de Flores y Blancaflor ist vom Jahre 1512, Alcala de He-

Beziehung steht. Dass eine solche ältere Bearbeitung der Sage in Spanien existirt hat, dafür sprechen mehrere Zeugnisse. Zunächst ist es blos mit Rücksicht auf einen spanisch geschriebenen Text denkbar, dass einige andere Versionen als den Geburtstag der Kinder, nach welchem sie auch benannt werden, das „blühende Ostern" (*Pasque flourir*) angeben[1]). Im Spanischen bedeutet nämlich *Pascua florida*[2]) „Pfingsten", und dies ist denn wirklich die Zeit, wo die Natur in Blüthe steht, so dass also die Namen „Blume" und „Weissblume" in der That gerechtfertigt erscheinen. Wenn nun die französischen Redactionen und nach ihnen Fleck den Namen „blühendes Ostern" beibehalten haben, so konnten sie nach dem ausserhalb Spaniens üblichen Sprachgebrauch darunter nur den Palmsonntag verstehen[3]), wie dies die isländische Version auch geradezu thut[4]). Mit den Blumen und Zweigen, die am Palmsonntage getragen werden, lassen sich aber die Namen „Flore" und „Blanceflor" nur ungenügend erklären, und es ist demnach wahrscheinlich, dass den französischen Gedichten, aus denen dann wieder Andere schöpften, ein älteres spanisches Original zu Grunde lag und dass der in demselben gebrauchte Ausdruck *Pascua florida* nur falsch verstanden wurde. — Für eine ältere spanische Form der Sage können aber noch weitere Zeugnisse beigebracht werden. In beiden französischen Versionen regiert Flore's Vater in Spanien[5]) und Blanceflor's Mutter wird auf

---

nares. Eine Uebersetzung des spanischen Romans ins Französische veranstaltete Jacques Vincent (Paris, 1554. Lyon, 1570. Rouen, 1597), und hieraus hat der Graf Tressan in der Bibliothèque universelle des Romans, 1777, Février, S. 151—225, einen Auszug gegeben.

[1]) Version aristocratique, A, V. 163 f. 171 ff.; Version populaire, V. 225 ff. 231 f. 235 ff.; Fleck. V. 592 ff. Ueber die betreffende Stelle in dem isländischen Roman s. Anm. 4.

[2]) Plugo a nuestro senor Dios que las dos vinieron a parir el primer dia de Pascua florida.

[3]) Du Cange, Glossarium manuale ad scriptores mediae et infimae latinitatis, s. v. Pascha: Pascha floridum, dominica iu palmis qua cantatur: Occurrunt turbae cum floribus et palmis, etc. In Ordine Romano, Dies Palmarum sive Florum atque Ramorum dicitur: Pascha florum.

[4]) Annaler for nordisk Oldkyndighed. 1850, S. 8: En Pálmsunnudagr beitir blómstr i utlöndum, thvi thábera menn blómstr i böndum. Diederich vom Aessenede sagt nur, die Verwandten des Königs hätten Flore „ut haren boeken na hare wis" benannt. Das niederdeutsche Gedicht lässt, wie schon S. 8 erwähnt ist, die Kinder nicht am Palmsonntage, sondern am Osterfeste geboren werden, und deutet (V. 133 ff.) wie die schwedische Version (V. 99 f.) ihre Namen im Allgemeinen vom Frühlinge als der Zeit der Blumen. Das italiänische Volksgedicht (s. S. 19 und ebendas. Anm. 8), sowie die neugriechische Redaction (V. 1561) versetzen übereinstimmend die Geburt Flore's und Blanceflor's in den Monat Mai, also gleich der spanischen Novelle in die Pfingstzeit (it. Pasqua rosata). Boccaccio endlich sagt nur: In queste parti si celebra una fiesta grandissima, la quale noi chiamiamo de cavallieri; in quel giorno i tempii di Marte e di Venere sono visitati con fiori, con frondi e con meravigliosa allegrezza.

[5]) Vers. arist., A, V. 57: Uns rois estoit issus d'Espaigne. — Vers. pop., V. 21 ff.: En Espaigne et un riche roi, Saige et prodomes de la loi; Tot le réaume d'Aumarie Fu siens; V. 184 f.: Tant

einer Pilgerfahrt nach dem Grabe des heiligen Jacobus in Galizien gefangen genommen[1]). Mit dem Montoire der *version aristocratique* ist unzweifelhaft Montoro am Guadalquivir gemeint, und dieser Name ist in der *version populaire* nur zu Montelieu französirt. Am deutlichsten aber sprechen für die Benutzung einer spanischen Quelle folgende Verse der *version aristocratique*: *Sire, fait il, or m'escoutés Vostre merci* (*A*, V. 1139 f.), und *Bel a parlé vostre merci* (*A*, V. 2156). Der Ausdruck *vostre merci* „Euer Gnaden" ist durchaus unfranzösisch und sicher nur eine Nachbildung der spanischen Anrede *Vuestra merced* (heutzutage verkürzt zu *Usted*, *Vm.*, *Vd.* oder *V.*, und ausgesprochen *usté*). Endlich erinnert auch der Titel *Messer*, den in dem italiänischen Volksgedichte der Vater Blanceflor's (Jacopo) führt, an die spanische Novelle, wo derselbe Mann *Misser* (Persio) genannt wird. Da nun das italiänische Volksgedicht auf jeden Fall älter ist, als die uns bekannte spanische Darstellung, so hat der Titel *Misser (Micer, Messer)* wohl schon in jener älteren spanischen Redaction gestanden, deren Existenz aus den französischen Gedichten mit Gewissheit gefolgert werden kann.

Ist also eine frühere Bearbeitung der Sage von Flore und Blanceflor in Spanien vorangegangen, so lässt sich annehmen, dass der jüngere Roman ihr nachgebildet ist und dass er die Geschichte der beiden Kinder, wenigstens im Grossen und Ganzen, ebenso erzählt, wie die verloren gegangene ältere Version. Würde man eine solche nicht voraussetzen müssen, so könnte man allerdings zunächst glauben, dem Verfasser der spanischen Novelle habe der Filocopo vorgelegen. Ausser den drei Namen Persio' (für Flore's Vater), Mahomat Audali (für seinen Lehrer) und Dario Lobondo (für seinen Wirth) sind nämlich die Eigennamen dieselben, wie in dem Boccaccio'schen Roman, und auch der sonstige Inhalt der Erzählung stimmt in den meisten Punkten überein. Bei seiner Abreise nach Montoire erhält Flore auch hier von seiner Geliebten einen Zauberring, der ihm jede Gefahr, in der sie sich befindet, anzeigen soll[2]); er kehrt zurück, um Blanceflor mit den Waffen in der Hand zu vertheidigen, tödtet den Seneschal, welcher

---

ont coru qu'arrivé sont En Aumarie la cité. Aumarie ist die spanische Stadt Almeria, die ehemalige Hauptstadt der maurischen Provinz Granada.

[1]) Vers. arist., A, V. 60: En Galisse fu arivé; V. 95: Qui au baron S. Jake aloit. — Vers. pop., V. 41. 61. 76. 91. 103. 117. 161. 219.

[2]) Ya creo, Senor, sabeys como, siendo apartada de vos, soy apartada de los dias de la vida; por lo qual os ruego, mi Senor, que tomeys este anillo con esta piedra, la qual tiene tal virtud, que quando yo fuere en alguna grande tribulacion por amor de vos, esta piedra perdera toda su fuerça y color.

sie anklagt, dem Könige ein vergiftetes Stück Fleisch[1]) geschickt zu haben, und entfernt sich wieder, ohne sich zu erkennen zu geben. — Diese Aehnlichkeit zwischen dem spanischen und italiänischen Roman darf aber keineswegs darauf zurückgeführt werden, dass der Verfasser des ersteren etwa nach dem Filocopo gearbeitet habe; denn die erwähnten Details finden sich auch in der französischen Volksversion wieder, mit welcher die spanische Novelle ausserdem in manchen anderen Punkten harmonirt, in denen Boccaccio einer abweichenden Tradition gefolgt ist. Flore erfährt in der spanischen wie in der französischen Darstellung, von einem Manne, dem er zufällig unterwegs begegnet, dass seine Geliebte zum Feuertode verurtheilt ist[2]). Nachdem er den Seneschal besiegt hat, schenkt er ihm das Leben und lässt ihn wieder zu Pferde steigen, ohne zu bedenken, welche Folgen seine Grossmuth für Blanceflor haben kann[3]). — Andererseits aber differirt der spanische Roman auch wieder zuweilen von der *version populaire*. Der Admiral regiert in Cairo, und nicht in Alexandrien; die Sendung der Blumen an die Jungfrauen im Thurme wird durch eine bei der Feier des Frühlingsfestes gebräuchliche Sitte erklärt[4]); Claris ist nicht mehr die Gefährtin, sondern nur die Dienerin Blanceflor's[5]); die wunderbare Kraft des Zauberringes schützt die beiden Kinder hier wirklich vor den Flammen des Scheiterhaufens, obgleich sie länger als eine Stunde im Feuer stehen[6]). Endlich zerstört der Verfasser der spanischen Novelle durch einen von an-

---

[1]) Bei Boccaccio ist es ein Pfau, in der spanischen und neugriechischen Version eine Henne, in der version populaire ein gespickter Braten (V. 897: lardez = rôti piqué de lard).

[2]) Flores demando a unos hombres que trayan lena para quemar a Blancaflor, y preguntoles para que trayan aquella lena, y ellos dixeron que era para quemar alli una christiana del rey, que avia querido dar yervas al rey en una gallina por matarlo. In der version populaire (V. 620 ff.) begegnet er einem paroil (=pair qui tient un fief du même seigneur).

[3]) Flores le (al Senescal) dio tan gran golpe, que le falso el escudo, y cayo al Senescal y su cavallo en tierra. Y como el Senescal fue en tierra, y Flores puso mano a su espada para le cortar la cabeça: el Senescal le rogo que por lo que devia a virtud de cavalleria le dexasse cavalgar en su cavallo, y Flores fue contento. Damit vergleiche V. 1038—1060 der version populaire.

[4]) El domingo primero veniente sera dia de Pascua florida, y en esta tierra todos los cavalleros y damas, aquel dia, salen muy ataviados, y hazen gran fiesta, y derraman por todas partes muchas flores y rosas, y los mejores yervas que pueden aver para las camaras. Aehnlich heisst es in dem Gedichte des italiänischen Jongleurs: Lo fresco giorno di Pasqua rosata Che sara festa per li cavalieri, Io faro correr per questa contrata Rose vermiglie per lo imperieri. Die Stelle bei Boccaccio s. S. 22, Anm. 4.

[5]) Y mandolo subir a la camara de la linda Blancaflor, la qual tenia una donzella que la servia, que se desia Glorisia. Ebenso im Filocopo: s. S. 21, Anm. 2.

[6]) Entraron (Flores y Blancaflor) por medio del fuego y estuvieron mas de una hora sin recibir ningun dano en sus personas.

deren Versionen vollständig abweichenden, aber gewiss nicht selbsterfundenen Schluss die ganze Einheit in der Handlung der Sage. Nach glücklich erfolgter Verheirathung reisen Flore und Blanceflor nämlich nach Spanien ab, leiden aber unterwegs Schiffbruch und werden auf eine wüste Insel verschlagen, von wo sie nach vielen Leiden endlich nach Alexandrien gelangen. Schliesslich haben sie einen Sohn, Namens Gordion, und Flore wird Kaiser von Rom. Damit unterscheidet sich die spanische Darstellung durchaus von beiden französischen Versionen, die bekanntlich ihren Stoff an den Sagenkreis Karls des Grossen anzuknüpfen bemüht sind. Dass aber auch in Spanien, wahrscheinlich in Folge französischen Einflusses, eine solche Verbindung der Sage von Flore und Blanceflor mit der Geschichte Karls des Grossen vorgenommen war, erhellt aus einer Andeutung in der *Gran conquista de Ultramar* [1].

Endlich giebt es noch ein neugriechisches Gedicht, welches die Abenteuer Flore's und Blanceflor's zum Gegenstande hat. Auf die Copie davon, die sich im Besitze der kaiserlichen Bibliothek zu Wien befindet, hatte schon Nessel aufmerksam gemacht [2]: doch erst Immanuel Bekker hat das Verdienst, die neugriechische Version veröffentlicht zu haben [3]. Dass diese Form der Sage nicht originell, sondern aus einer fremden Quelle geflossen ist, erhellt aus mehreren Gründen. Ohne irgend welche innere Nothwendigkeit wird Rom, die Hauptstadt des Occidents, zum Wohnsitze der Eltern Blanceflor's gemacht (V. 1); dieselben unternehmen ihre Pilgerreise nicht nach einem der zahlreichen Wallfahrtsorte des Orients, sondern wie auch die meisten anderen Versionen angeben, nach dem Grabe des Apostels Jacobus (V. 13). Die Namen der beiden Kinder, Florios und Platziafloria, haben entschieden einen romanischen Ursprung, werden aber nichtsdestoweniger von dem Worte Blume, wofür das Griechische doch eine ganz andere Benennung hat, abgeleitet. Als Flore ferner seine Unterthanen zwingt, das Christenthum anzunehmen, wird ausdrücklich bemerkt, dass er sie zum orthodoxen römischen Glauben bekehrt (V. 1865). Auch der Name Μπεκήλ (V. 1618), welchen die Dienerin Blanceflor's führt, weist entschieden auf ein ausländisches Original hin, da sich die Consonantenverbindung μπ nie zu Anfang griechischer Wörter findet, sondern im

---

[1] L. II, c. XLIII: E esta Berta (la muger de Pepino el rey de Francia) fue hija de Blancaflor e de Flores que era rey de Almeria.

[2] Breviarium et supplementum Bibliothecae Vindobonensis, I, S. 842.

[3] In den Schriften der Berliner Akademie der Wissenschaften, 1845.

Neugriechischen nur dazu dient, den Buchstaben b in Fremdwörtern auszudrücken[1]). Schon dieser Name würde übrigens hinreichen, um die Behauptung Sommer's zu entkräften, dass das neugriechische Gedicht dem Filocopo seine Entstehung verdanke[2]). Sommer kannte eben die französische *version populaire*, die poetische Darstellung des italiänischen Jongleurs und die spanische Novelle nicht, sonst würde er gewiss anders geurtheilt haben. Allerdings stimmt die griechische Version fast durchgängig mit dem Boccaccio'schen Romane überein, aber zugleich auch mit einer oder der anderen der eben genannten sonstigen Bearbeitungen, die Sommer unbekannt waren[3]). Von dem Filocopo aber im Besonderen unterscheidet sich die griechische Version nur durch den oben besprochenen, sondern auch durch andere Eigennamen; so heisst z. B. der Vater Flore's: Philippos, seine Mutter: Kaliotera, der ägyptische Admiral: Dadea. Die Form Philippos erinnert eher an den Felis der *version aristocratique*, als an den Fenice Boccaccio's, und Kaliotera scheint eine Uebersetzung von Migliore, wie in dem italiänischen Gedichte Flore's Mutter heisst (s. S. 19). Selbst die Femininendung in dem Namen Platziafloria dürfte nicht zu übersehen sein, um eine Abweichung von dem Filocopo, wo wohl nur aus philologischen Gründen mit männlicher Endung Biancafiore geschrieben ist[4]), zu constatiren. Das junge Mädchen wird nicht nach Alexandrien, wie Boccaccio sagt, sondern ganz wie in den französischen Versionen, nach Babylon verkauft; als Flore dorthin reist, vergisst der Dichter nicht anzugeben, dass Alexandrien seitwärts liegen bleibt (V. 1287 ff.). Bei der Keuschheitsprobe, welcher sich die Frauen im Thurme unterwerfen müssen, wird bloss, wie in den französischen Versionen[5]), das Quellwasser erwähnt, welches trübe wird, wenn eine Schuldige darüber schreitet (V. 1344 ff.), während Boccaccio auch noch einen Baum dazu in Anwendung bringt[6]). Gloritia (Bekel) ist nicht, wie in dem italiänischen

---

[1]) Vergl. Peucker, Grammatik der neugriechischen Sprache in ihrem Verhältnisse zur altgriechischen (Breslau, 1863), S. 4 f.

[2]) Flore und Blancheflur, S. XXIV. Im Filocopo heisst dieselbe bekanntlich Gloritia.

[3]) Wenn z. B. in dem griechischen Gedichte die Dienerin Blancaflor's ihr lautes Aufschreien bei dem Erblicken Flore's damit entschuldigt, dass ein Vogel aus dem Korbe geflogen sei (V. 1633 ff.), so findet sich dieser Umstand nicht nur im Filocopo, sondern auch in der spanischen Novelle wieder, wo es heisst: Fuy a mirar las rosas, y venia un ruysenor dentro en ellas: y assi como las llegue a mirar salia, y dio me en los pechos que me espanto.

[4]) In dem italiänischen Volksgedichte lautet der Name Bianciflore.

[5]) A, V. 2059 ff.: Quant li amirals veut coisir Des puceles i on (l. Les puceles il) fait venir Au ruissel de la fontenele, Dont de fin or est la grauele; V. 2069 ff.: Car quant il i passe pucele, lors est li eue clere et bele. Au trespasser de feme êue L'eue en est luès tote mêue.

[6]) Egli nell' hora, che le guanice dell' aurora cominciano a divenir vermiglie, prende la giovane,

Roman, eine alte Frau, die mit Blanceflor aus Spanien gekommen ist [1]), sondern ein junges Mädchen (V. 1618), und Flore wird nicht an einem Stricke zu einem Fenster des Thurmes hochgezogen [2]), sondern Diener des Admirals tragen ihn zu einer Seitenthür hinein (V. 1616 f.). — Aus dem Filocopo ist demnach die neugriechische Version nicht entstanden; sie hat mit ihm allerdings viele Züge, manche aber auch wieder mit anderen Darstellungen überein, und folgt also einer besonderen, und zwar romanischen Tradition, die sich mit keiner der uns bekannten Darstellungen genau deckt.

Ueberblicken wir nun am Schlusse unserer Abhandlung die ganze Reihe der Versionen, welche die Erzählung von Flore und Blanceflor zum Gegenstande haben, so können wir deutlich zwei Kreise unterscheiden, nach denen die verschiedenen Formen der Sage sich trennen.

Der eine Kreis wird durch die französische *version aristocratique* repräsentirt, von welcher noch drei Mss. (*A*, *B*, *C*) existiren, während andere, zuweilen von *A*, *B*, *C* abweichende Handschriften verloren gegangen sind. Eine solche nicht mehr vorhandene Redaction (*D*) ist von Konrad Fleck benutzt worden, eine zweite (*E*) hat dem Verfasser des niederländischen Gedichtes, Diederic van Assenede, vorgelegen, aus einer dritten (*F*) endlich ist die englische Darstellung hervorgegangen. Die Erzählung Konrad Fleck's hat sodann wieder dem deutschen Volksbuche von Flore und Blanceflor zum Muster gedient, und aus dem Diederic'schen Gedichte hat der Verfasser des niederländischen Volksromans geschöpft.

---

laquale vuol vedere s'è pulcella o nò, e menala sotto questo arbore, e quivi per picciolo spatio dimorando, se questa è pulcella le cade un fiore sopra la testa, e l'acqua è piu chiara, e piu bella esce dal suo luogo; ma se questa forse congiugnimento d'huomo ha conosciuto, l'acqua si turba e lo fiore non cade. Aehnlich heisst es in der spanischen Novelle: En medio de aquel vergel esta un arbol que de invierno y de verano siempre esta florido, y al pie del arbol esta una fuente de agua muy clara, y tiene tal virtud que si la muger no es virgen, alli se parece: ca el almiral hase que cada mañana las donsellas que en la torre estan, cojan una flor, y que la echen en la fuente, y de aquella que es virgen sale el agua clara, y sino lo es, sale muy turbida.

[1]) Im ersten Buch des Filocopo ist sie „Cameriera e compagna di Giulia", welche letztere sterbend zu ihr sagt: Io ti raccomando la cara figliola, e per quello amore, che tra te e me è stato, ti prego che in luogo di me le sia tu sempre madre.

[2]) S. 21, Anm. 2.

Als Repräsentantin des zweiten Kreises mag die französische *version populaire* gelten, von welcher wir nur noch ein Ms. *(G)* kennen, während eine andere, demselben Kreise angehörige Darstellung *(H)* die Grundlage jener altnordischen Version gewesen sein muss, die wir als Quelle des isländischen Romans, sowie des schwedischen (und dänischen) Gedichtes angenommen haben. — Nicht von einem französischen Originale abhängig, aber mit der *version populaire* verwandt sind der Filocopo des Boccaccio, das Gedicht des italiänischen Jongleurs und wahrscheinlich auch das Ludovico Dolce's, ferner die spanische und neugriechische Version. Aus dem Filocopo ist der deutsche Prosa-Roman, und aus diesem wieder das Lustspiel von Hans Sachs, sowie die böhmische Erzählung entstanden.

Zwischen beiden Kreisen steht das niederdeutsche Gedicht, welches nach einer sowohl von der *version aristocratique*, als von der *version populaire* abweichenden französischen Redaction *(I)* bearbeitet ist.

Frankreich hat, wie wir Seite 22 f. gezeigt haben, die Sage erst aus Spanien erhalten, wo schon in sehr früher Zeit mehrere, nicht übereinstimmende Darstellungen des Romans neben einander existirt haben müssen. Wenigstens drei lassen sich mit ziemlicher Gewissheit unterscheiden: die erste als Grundlage einer älteren französischen Redaction, aus welcher dann die Formen des ersten Kreises hervorgegangen sind; eine zweite als ursprüngliche Quelle der französischen *version populaire*, und eine dritte als das Original der neuspanischen Novelle.

Woher Boccaccio den Stoff zu seinem Filocopo genommen, lässt sich nicht genau feststellen; ebenso ist es ungewiss, woher der italiänische Jongleur und der neugriechische Dichter die Sage kannten. Von Letzterem wissen wir nur, dass er keine griechische, sondern eine romanische Redaction benutzt hat.

Ihren gemeinschaftlichen Mittelpunkt finden alle diese verschiedenen Gestaltungen der Geschichte von Flore und Blanceflor in einem byzantinischen Romane, der zwar verloren gegangen ist, dessen Existenz wir aber nach den gründlichen Forschungen Edélestand du Méril's mit Sicherheit voraussetzen dürfen. Schon Sommer war es aufgefallen (Fl. u. Bl., S. XXVII ff.), dass manche Beschreibungen und Andeutungen, die sich in unserem Romane finden, nicht recht zu dem eigentlichen Inhalte desselben passen. Er meint nun, dass diese Zuthaten aus anderen Sagen entlehnt seien, und spricht nach einer Betrachtung, über die Namen „Blume" und „Weissblume", die er für Namen von Elben erklärt, die Vermuthung aus, „dass Züge von elbischen Wesen, die den westlichen Franken wie den anderen deutschen Stämmen bekannt waren, auf die Bildung der Sage mit eingewirkt haben." Dagegen hat Du Méril überzeugend nachgewiesen, dass eben jene Züge das charakteristische Merkmal eines griechischen Liebesromans sind, und er schliesst seine Beweissführung mit einem Résumé (S. CLXXXII), das auch am Schlusse dieser Abhandlung seinen Platz finden möge: „La forme indirecte du récit, la nature romanesque de l'histoire, les descriptions et les prodiges dont elle est ornée, la vente de l'Héroïne comme esclave, le voyage du Héros à sa recherche, l'origine incontestablement grecque de quelques expressions, la reconnaissance si inattendue de la fin[1]), l'aveu positif d'un des traducteurs[2]), tout se réunit pour indiquer une source bysantine."

---

[1]) Bei Boccaccio sagt nämlich der Admiral: Io sono fratello a la tua madre, und auch in der griechischen Version sind Flore und der Admiral nahe Verwandte (V. 1836).

[2]) Im Filocopo heisst es: Il reverendo Ilario con ordinato stile, come colui che era bene informato, in greca lingua scrisse i casi del giovane Re (Florio), lo quale con la sua regina Biancofiore ne suoi regni rimase piacendo a Dio. Damit vgl. V. 53 f. der version aristocratique: Mais un bons clers li auoit dit Qui l'auoit mis en son escrit. Auch der Verfasser des griechischen Romans „Theagenes und Chariklea" schoint ein christlicher Geistlicher gewesen zu sein.

Schulnachrichten

über

die Zeit von Ostern 1868 bis Ostern 1869.

A. Lehrverfassung.

a. Allgemeine Uebersicht des Lehrplans:

Unterrichtsgegenstände:	Klassen und wöchentliche Stunden.							Summe der Stunden.
	I.	II.	IIIa.	IIIb.	IV.	V.	VI.	
1. Religionslehre: a) evangel.	2	2	2	2	2	3	3	11
b) kathol. .	2	2	2	2	2	3	3	7
2. Deutsch.	3	2	2	2	2	3	3	17
3. Latein.	8	10	10	10	10	9	9	66
4. Griechisch.	6	6	6	6	6	—	—	30
5. Hebräisch.	(2)	(2)	—	—	—	—	—	4
6. Französisch.	2	2	2	2	2	3	—	13
7. Polnisch	(2)	(2)	(2)	(2)	(2)	(2)	(2)	12
8. Geschichte und Geographie	3	3	3	3	3	2	3	20
9. Mathematik und Rechnen	4	4	3	3	3	3	4	24
10. Physik . . . . , . .	2	1	—	—	—	—	—	3
11. Naturkunde	—	—	2	2	—	2	2	8
12. Zeichnen.	(2)	(2)	(2)	(2)	2	2	2	8
13. Schreiben.	—	—	—	—	—	3	3	6
14. Singen.	(2)	(2)	(2)	(2)	(2)	(2)	(2)	6
Zusammen	32	32	32	32	32	32	31	235

b. Lehrer-Collegium und Vertheilung des Unterrichts
im Wintersemester 1868/69.

	Ordinarius von	I.	II.	IIIa.	IIIb.	IV.	V.	VI.	Summe der Stunden
Gladisch, Director u. Professor.		3 Deutsch 3 Gesch.	3 Gesch.	3 Gesch.		2 Griech.			14
Schönborn, Prorector u. Professor, 1. Oberlehrer	IIIb.	4 Math. 2 Physik	4 Math. 1 Physik	3 Math.	8 Math. 2 Ovid	8 Math.			22
Nieländer, 2 Oberlehrer.	I	8 Latein	6 Griech.		6 Griech.	4 Griech.			24
Eggeling, 3. Oberlehrer.	IIIa.		2 Deutsch 2 Virgil	10 Lat. 2 Deutsch	3 Gesch.	3 Gesch.			22
Bleich, 1. Ord. Lehrer.				2 Rtl.	2 Rtl. 2 Deutsch	2 Deutsch	2 Rtl.	3 Deutsch 9 Lat. 2 Rtl.	24
Dr. Radtke, 2. Ord. Lehrer. (Bibliothekar).	II	6 Griech.	8 Latein	6 Griech.	6 Lat.				26
Schwalbach, 3. Ord. Lehrer.	IV	2 Franz. 2 Hebr.	2 Franz.	2 Franz.	2 Franz.	10 Lat. 2 Franz.	3 Franz.		25
Jankowski, 4. Ord. Lehrer.	V	2 Poln.	2 Poln. 2 Hebr.	2 Religion		2 Cäsar 2 Religion	2 Relig.	9 Lat. 3 Geog.	24
vacat, 5. Ord. Lehrer.									
Goehling, 6. Ord. Lehrer.	VI						3 Religion 3 Deutsch 3 Rechnen 3 Schreib. 2 Geog.	4 Rechnen 8 Schreib.	27
		2 Singen		2 Singen			2 Singen		
Pred. Füllkrug, evang. Rel.-Lehrer.		2 Religion	2 Relig.						4
Vicar Lic. Wojciechowski, kath. Rel.-Lehrer.		2 Religion		2 Religion			3 Religion		7
Pfau, Hülfsl. f. b. Poln.					2 Polnisch	2 Polnisch	2 Polnisch	2 Polnisch	8
Schlange, Zeichenlehrer.			2 Zeichnen			2 Zeichn.	2 Zeichn.	2 Zeichn.	8

c. Specielle Uebersicht des Lehrplans.

Prima. Ordinarius: Oberlehrer Nieländer.

1. Religionslehre. a) evangel. 2 St. w. Lectüre des ersten Briefes an die Corinther im Urtexte; Glaubens- und Sittenlehre; Wiederholung des Katechismus und der früher gelernten Bibelsprüche und Kirchenlieder. Füllkrug. b) kathol. verb. mit Secunda. 2 St. w. Lectüre des Evangeliums des heiligen Johannis; die Lehre von der Kirche und den heiligen Sakramenten. S. Sprenger, Glaubens- und Sittenlehre bis zu Ende. W. Lic. Wojciechowski.

2. Deutsch. 3 St. w. Uebersicht der Literaturgeschichte von den ältesten Zeiten bis auf Klopstock, mit Lectüre einzelner Stücke der bedeutendsten Schriftsteller, nach Pischon's Leitfaden und Denkmälern. Daneben philosophische Propädeutik. Uebungen im freien Vortrage über Historisches. Monatlich ein Aufsatz. Die Themata waren folgende: 1. Kenntnisse sind der beste Reichthum. 2. Aurora musis amica, oder Morgenstunde hat Gold im Munde, als Chrie in der Klasse bearbeitet. 3. Metrischer Versuch nach freier Wahl des Stoffes. 4. a) Die zwei Glanzperioden der deutschen Litteratur; b) Nachweisung des Stufenganges in der Entwickelung der drei Naturreiche. 5. a) Epaminondas, eine Charakterschilderung; b) Die Einbildungskraft, ein Abschnitt der philos. Propädeutik. 6. Rechtfertigung meiner Berufswahl. 7. Klassenarbeit: Die Folgen der Erfindung der Buchdruckerkunst. 8. Metrischer Versuch: Abschied vom alten Jahr und Begrüssung des neuen. 9. Welchen Nutzen gewährt uns die Erlernung der lateinischen Sprache? 10. Das Thema der Abiturienten. Gladisch.

3. Latein. 8 St. w. Cic. de officiis I. in Verrem II, 4. Privatim Liv. III. IV. Tacit. Agric. — Hor. Carm. IV. I. Epod. 1, 2. Sat. I. 6, verbunden mit Memorirübungen. — Wöchentlich ein Extemporale oder ein Exercitium, bisweilen eine metrische Uebung. Monatlich Aufsätze über folgende Themata: 1. a) De Germanico Romanorum adversus Germanos duce. b) Telemachi imago adumbretur. 2. a) De M. Attilio Regulo ad supplicium proficiscente. b) Proponantur aliquot virtutum Romanarum exempla e bellis Samnitium vel Latinorum vel e Tarentino bello repetita. 3. a) Τῆς δ'ἀρετῆς ἱδρῶτα θεοὶ προπάροιθεν ἔθηκαν 'Αθάνατοι. b) Pausanias magnam gloriam belli turpi morte maculavit. 4. Magnas saepe res non ita magnis copiis gestas esse demonstretur. (Klassenarbeit.) 5. a) Vitam Pompeii Magni magnum esse documentum instabilis fortunae summaque et ima miscentis atque illustre exemplum, quo comprobetur illud Horatii: Valet ima summis mutare et insignem attenuat deus. b) De Phaeacum vita. 6. a) De Maecenatis et Horatii familiaritate commentatio. b) Miltiadis in campo Marathonio coram Callimacho praetore oratio. 7. a) Varia sapientiae praecepta ex Horatii carminibus collecta disponantur. b) Cur Horatius Pelopis saevam appellat domum? 8. Thebanorum gloriam et natam et exstinctam esse cum Epaminonda. (Klassenarbeit.) 9. a) Graecos artium ' literarumque

9

studiis maiorem gloriam consecutos esse, quam Romanos bellis. b) Comparentur inter se Hannibal et Pyrrhus. 10. Levitatis Atheniensium crudelitatisque in amplissimos cives exempla. (Abituriententhema.) Nieländer.

4. Griechisch. 6 St. w. Lectüre 4 Std. Hom. Il. XIII—XXII Soph. Aj. Thucyd. I, 1—23. (Einleitung) II, 34—46 (Leichenrede) II, 47—54 (Pest) II, 1—6, 71—78, III, 20—24, 52—68 (Plataeae). Privatim: Xen. Memor. II Arr. Anab. I, c. 1—8. Luc. Somn. s. vita Luciani. Gall. Tim. Grammatik 2 St. Tempus- und Moduslehre, daneben Repetition der Casuslehre. Wöchentliche Extemporalien im Anschluss an die Repetition des Vocabular von Kübler. Radtke.

5. Hebräisch. 2 St. w. Wiederholung und Erweiterung der Formenlehre; die Hauptregeln der Syntax; alle vierzehn Tage eine schriftliche Uebung. Lectüre: 1 Sam. 1—18; ausgewählte Psalmen (Psalm 90 und 137 wurden memorirt); Jerem. 1—2. Schwalbach.

6. Französisch. 2 St. w. 1 St. Grammatik: Wiederholung und Erweiterung der hauptsächlichsten syntaktischen Regeln nach der Schulgrammatik von Knebel; alle vierzehn Tage ein Extemporale, zuweilen ein Exercitium. — 1 St. Lectüre: Choix de Nouvelles du XIXe siècle (Coll. Goebel) i. S.; L'Avare par Molière i. W. Schwalbach.

7. Polnisch. 2 St. w. Die Syntax und Wiederholung der Formenlehre nach Popliński's Gramm. Alle zwei Wochen ein Extemporale. Gelesen wurde Marja von Malczewski und die Wypisy polskie I. Jankowski.

8. Geschichte. 3 St. w. Nach Wiederholung des Pensums der Secunda, Geschichte des Mittelalters und der neueren Zeit bis zum dreissigjährigen Kriege. Daneben Repetition der Geographie. Gladisch.

9. Mathematik. 4 St. w. Arithmetische, Geometrische Reihen, Zinses-Zins-Rechnung; Stereometrie. Monatlich zwei schriftliche Arbeiten. Schönborn.

10. Physik. 2 St. w. Statik und Mechanik. Schönborn.

Secunda. Ordinarius: Gymn.-Lehrer Dr. Radtke.

1. Religionslehre. a) evang. 2 St. w. Lectüre des Evangeliums Lucae im Urtexte; die Geschichte des alten Bundes und kurze Mittheilungen über die Abfassung der alttestamentlichen Bücher; Wiederholung des Katechismus und der früher gelernten Bibelsprüche und Kirchenlieder. Füllkrug.
b) kathol. verb. mit Prima.

2. Deutsch. 2 St. w. Nach einleitenden Bemerkungen über Versbau, Reime u. s. w. wurde speciell das Wesen der lyrischen und didaktischen Dichtung besprochen. Uebungen im freien Vortrage und im Recitiren memorirter Gedichte nach eigener Auswahl. Besprechung und Correctur der schriftlichen Arbeiten. Die Themata waren folgende : 1. Die Boten des Frühlings. 2. Solamen miseris socios habuisse malorum. 3. Welchen Einfluss hat die Entdeckung Amerikas gehabt? 4. Ueber die Composition von Uhlands „König Karls Meerfahrt". 5. Wann gilt es zu schweigen? 6. Gespräch zwischen Cäsar und Ariovist. 7. Noth weckt Kraft. 8. Phaëthon und Ikarus. 9. a) Welche Rolle spielt Johannes Parricida in Schillers Wilhelm Tell? b) Erklärung der gebräuchlichsten Tropen, welche der hellenischen Mythe entnommen sind. 10. Das Eleusische Fest. Eggeling.

3. Latein. 10 St. w. Grammatik 4 St. Repetition und Erweiterung der Lehre vom Genet., Ablat. und von den Präpos. Aus der Moduslehre wurden die Uebersetzungsweisen der Conjunction „dass", die consec. temp., Gerund. und Sup., orat. obl., die Fragesätze, die Conditionalsätze ausführlich besprochen. Wortstellung, Periodenbau, synt. orn., Stilistisches im Anschluss an die Lectüre und bei Durchnahme der schriftlichen Arbeiten. Aus der Formenlehre wurden die Verb. anom. repetirt, die Wortbildungslehre neu durchgenommen. Wöchentliche Extemporalien. Ausserdem alle 14 Tage ein Exercitium oder eine metrische Uebung. (Hexameter und Distichen.) Freie Aufsätze: 1. De Clearchi Lacedaemonii vita et moribus. 2. Qualem Ovidius describat Famam, qualem Vergilius. 3. Ex omnibus saeculis vix tria aut quattuor nominantur paria amicorum. (Cic. Lael. IV, 15.) 4. Ea fato quodam data Romanis sors est, ut magnis omnibus bellis victi vicerint. (Liv. 26, 41.) 5. Quid ex Polycratis Samii exemplo discamus. Lectüre 6 St.: Prosaiker 4 St. Cic. pro Archia, de amicit. Liv. 26, 41—51. 27. 28, 1—5. Privatim: Caes. de bell. civ. I. Cic. de senect. Ausserdem mit einzelnen befähigteren Schülern besonders: Cic. epist. sel. Radtke. Dichter 2 St. Verg. Aen. lib. IV. V, 1—603 IX, 176—524, im Sommer Berger, im Winter Eggeling.

4. Griechisch. 6 St. w. Lectüre 4 St. Hom. Od. VII—IX, 402. XIII. XIV. XVI XVIII, privatim VI. XII. XV., verbunden mit Memorirübungen. Xenoph. Hellenic. I. II. III. 1. Grammatik 2 St. nach Krüger § 50. 51. 54—56. Repetition der Casuslehre und einzelner Abschnitte aus der Formenlehre, namentlich § 40. Wöchentlich ein Extemporale oder ein Exercitium. Nieländer.

5. Hebräisch. 2 St. w. Lautlehre. Leseübungen. Conjugation, einschliesslich der verba quiescentia. Die Declination. Erlernung von Vocabeln. Alle 2 Wochen ein Exercitium. Gelesen wurde Gen. 37—43. Jankowski.

6. Französisch. 2 St. w. 1 St. Grammatik. Die Lehre von der Wortstellung, vom Gebrauch der Zeiten und Moden, die Syntax des Artikels, Adjectivs und Adverbs nach der Schulgrammatik von Ploetz; wöchentlich ein Exercitium zur Repetition früherer Curse, alle vierzehn Tage ein Extemporale. — 1 St. Lectüre: Thiers, Bonaparte en Egypte et en Syrie (Coll. Göbel). Schwalbach.

7. Polnisch. 2 St. w. Die Formenlehre nach Popliński's Gramm. Alle 2 Wochen ein Extemporale. Gelesen wurden die Wypisy polskie I. Die polnischen Schüler fertigten alle 4 Wochen einen Aufsatz an. Jankowski.

8. Geschichte. 3 St. w. Nach Wiederholung des vorjährigen Pensums, Geschichte der Römer. Daneben Repetition der Geographie. Gladisch.

9. Mathematik. 4 St. w. Aehnlichkeit der Figuren, Ausmessung des Kreises; ebene Trigonometrie. Lehre der Potenzen, Wurzeln, Logarithmen; Gebrauch der log. trig. Tafeln. Gleichungen der beiden ersten Grade. Monatlich zwei schriftliche Arbeiten. Schönborn.

10. Physik. 1 St. w. Einleitung in die Physik; Wärme-Lehre. Schönborn.

Ober-Tertia. Ordinarius: Oberlehrer Eggeling.

1. Religionslehre. a) evangel. 2 St. w., verb. mit Unter-Tertia. Gelesen wurden Abschnitte aus Hiob, ein Theil der Psalmen, die Apostelgeschichte, das Wichtigste aus den Briefen der Apostel. Erweiterung der Bibelkunde. Leben und Wirken der Apostel. Pauli Missionsreisen. Wiederholung der Geographie von Palästina und des Kirchenjahres. Die Reformation. Das Wichtigste über das evangelische Kirchenlied. Erklärung des 1., 3., 4., 5. Hauptstücks. 4 Lieder und einzelne Psalmen wurden auswendig gelernt, die früher gelernten wiederholt. Beständige Wiederholung des kleinen Katech. Luthers. Jankowski.

b) kath. 2 St. w., verb. mit Unter-Tertia und Quarta. In der Glaubenslehre: die Lehre von Gott und seinen Eigenschaften. Christi Leben und Wirken. Das Kirchenjahr. S. Sprenger. — Die Lehre von den Sakramenten. Wiederholung der Lehre von den Eigenschaften Gottes und des ganzen Katechismus. W. Lic. Wojciechowski.

2. Deutsch. 2 St. w. Sachliche und sprachliche Erklärung von prosaischen Lesestücken und Gedichten aus dem deutschen Lesebuche von Colshorn und Gödeke, Th. III. Uebungen im Interpungiren und im Satzbau. Alle vier Wochen eine schriftliche Arbeit. Eggeling.

3. Latein. 10 St. w. Repetition und Ergänzung der Lehre von den Temporibus und Modis (namentlich wurden die Regeln über die oratio obliqua eingeübt), über den Gebrauch des Conjunctivs in Relativsätzen, indirecten Fragen, Concessiv- und Conditionalsätzen, über die Bildung von Participialconstructionen, den Gebrauch des Gerundiums und Supinums. Wöchentliche Extemporalien oder Exercitien. Gelesen wurde: Caesar d. b. Gall. l. VI. und VII. Ovidii Metam. mit Auswahl (die Schöpfung, die vier Zeitalter, Actaeon, Niobe, Verwandlung lycischer Bauern, Iason, Philemon und Baucis, Midas.) Eggeling.

4. Griechisch. 6 St. w. Gramm. 3 St. Repetition der früheren Pensa. Die Tabellen der unregelmässigen Verba, Krüger §§ 39 und 40. Die Constructionen der gelernten Verben, des Acc. c. Inf., Nom. c. Inf., Partic. Das Wichtigste über die hypoth. Sätze und die Präpos. Wöchentliche Extemporalien mit Benutzung der aus Kühlers Vokab.

aufgegebenen Vocabeln. Lectüre 3 St.: Xenoph. Anab. IV und V. Seit Weihnachten Hom. Odyss. 9, 39—413; memorirt V. 39—94. Privatim: Luc. Char. Dr. Radtke.
5. *Französisch*. 2 St. w. 1 St. Gramm.: Ploetz, II. Curs., Lect. 24—38, daneben Wiederholung der unregelmässigen Zeitwörter; Vocabellernen; wöchentlich ein Extemporale oder Exercitium. — 1 St. Lectüre: einige Stücke aus Knebel's Lesebuch i. S.; Charles XII, L. III. i. W. Schwalbach.
6. *Polnisch*. 2 St. w. verb. mit Unter-Tertia. Wiederholung der Formenlehre mit besonderer Rücksicht auf die Lehre vom Verbo nach Popliński's Grammatik. Lectüre: Popliński's Wypisy Thl. I. Monatlich 2 schriftliche Arbeiten. Pfau.
7. *Geschichte*. 3 St. w. Die Hauptbegebenheiten der 'neueren Zeit, insbesondere die Preussisch-Brandenburgische Geschichte. Daneben Geographie Deutschlands, insbesondere Preussens,. mit Repetition der Geographie Europa's und der übrigen Erdtheile. Gladisch.
8. *Mathematik*. 3 St. w. Gleichheit der Figuren, Lehre vom Kreise. Repetition des Pensums von III[b], Anwendungen auf die Loesung geometr. Aufgaben, besonders durch geometr. Oerter. Buchstabenrechnung', Uebungen im Loesen von Gleichungen des ersten Grades mit einer Unbekannten. Ausziehen der Quadrat-Wurzel. Schoenborn.
9. *Naturkunde*. 2 St. w. Uebersicht über die drei Reiche der Natur. Genauere Betrachtung der wichtigsten Naturkörper. Uebung im Bestimmen der Pflanzen. Bau des menschlichen Körpers. Bleich.

Unter-Tertia. Ordinarius: im Sommer-S. Dr. Berger, im Winter-S. Prof. Schoenborn.

1. *Religionslehre*. S. Ober-Tertia.
2. *Deutsch*. 2 St. w. Lectüre aus Colshorn, Th. II. Mündliches Wiedererzählen und Recitiren. Declamations-Uebungen. Die Lehre vom Satz. Alle drei Wochen ein Aufsatz. Im Sommer: Dr. Berger, im Winter: Bleich.
3. *Latein*. 10 St. w. Wiederholung der Verb. anom. und der Casuslehre. Das Wichtigste aus der Moduslehre, namentlich! Consec. temp., Ind., Conj., Imper., Inf. Wöchentliche Extemporalien, welche memorirt wurden; mündliche Uebersetzungsübungen mit Benutzung von F. Schultz, Aufgabensammlung. Im Sommer: Dr. Berger, im Winter: Dr. Radtke. — Ovid. 2 St. seit Mitte Nov. Metam. II, 1—366. III, 1—252. Schoenborn. — Caesar 2 St. seit Mitte Nov. de bell. gall. IV, 16—38. V, 1—7. Jankowski.
4. *Griechisch*. 6 St. w. Wiederholung des Pensums von Quarta. Verba contracta, liquida, auf μι, Tab. IX der unregelmässigen. Vocabellernen nach Kübler. Wöchentlich ein Extemporale, zuweilen ein Exercitium. 4 St. — Xenoph. Anab. I, 5—9. II, 1. 2 St. Nieländer.

10

5. Französisch. 2 St. w. Schulgrammatik von Ploetz, Lect. 1—23; Lectüre aus Knebel's Lesebuch; Vocabellernen; alle vierzehn Tage ein Extemporale. I. S. Dr. Radtke, i. W. Schwalbach.

6. Polnisch. S. Ober-Tertia.

7. Geschichte. 3 St. w. Die wichtigsten Begebenheiten aus der Geschichte des Mittelalters, vornehmlich der deutschen. Geographie von Deutschland. Eggeling.

8. Mathematik. 3 St. w. Lehre von den Parallelen, Congruenz der Dreiecke, Gleichheit der Figuren, Ausmessen derselben. Anfangsgründe der Buchstabenrechnung.

Schoenborn.

9. Naturkunde. 2 St. w. Betrachtung von Naturkörpern aller drei Reiche. Im Sommer Beschreibung einheimischer Pflanzen und Einübung des Linné'schen Systems.

Bleich.

Quarta. Ordinarius: Gymnas.-L. Schwalbach.

1. Religionslehre. a) evangel. 2 St. w. Die wichtigsten historischen Abschnitte aus dem A. T. mit Berücksichtigung der Geschichte des Volkes Israel. Das Bedeutendste aus den Apokryphen. Einiges aus Matth., Luc. und der Apostelgesch. Bibelkunde. Das Kirchenjahr. Geographie Palästina's. Die gottesdienstliche Ordnung. Erklärung des 1., 2., und 3. Hauptstücks mit Sprüchen. Auswendig gelernt wurden 6 Lieder und das 4. und 5. Hauptstück des kleinen Katech. Luthers, wiederholt die früher gelernten Lieder und die drei ersten Hauptstücke. Jankowski.

b) kath. S. Ober-Tertia.

2. Deutsch. 2 St. w. Lectüre aus Colshorn. Th. II. Mündliches Wiedererzählen u. Recitiren. Die grammatischen und orthographischen Belehrungen wurden zum Theil an die Lectüre, zum Theil an die Besprechung der dreiwöchentlich gelieferten Aufsätze geknüpft. Bleich.

3. Latein. 10 St. w. Repetition des Cursus der Quinta; die Casuslehre nach der kleinen Schulgrammatik von F. Schultz; Uebersetzen aus der Aufgabensammlung von F. Schultz, wöchentlich ein Extemporale: 6 St. — Gelesen wurde aus dem Cornelius Nepos: Epaminondas, Pelopidas, Agesilaus, Eumenes, Phocion, Timoleon, De Regibus, Hamilcar, Hannibal: 4 St. Schwalbach.

4. Griechisch. 6 St. w. Formenlehre bis zu den verbis mutis incl. nach Krüger. Vocabellernen nach Kübler. Wöchentlich ein Extemporale. 4 St. Im Sommer Dr. Berger, im Winter Nieländer. — Lectüre nach Gottschick's Lesebuch, 2 St. Im Sommer: Dr. Berger, im Winter: Gladisch.

5. Französisch. 2 St. w. Elementarbuch von Ploetz, Lect. 60—91; alle vierzehn Tage ein Extemporale. Schwalbach.

6. Polnisch. 2 St. w. Fortsetzung der Formenlehre nach dem Elementarbuche von Popliński, §. 66—100. Aus Wypisy Thl. I wurden leichte Stücke übersetzt. Monatlich 2 schriftliche Arbeiten. Pfau.

7. *Geschichte und Geographie.* 3 St. w. Die wichtigsten Begebenheiten der Geschichte des Alterthums bis auf Augustus. Geographie von Europa. Eggeling.

8. *Mathematik.* 3 St. w. Decimalbrüche, bürgerliche Rechnungsarten; Anfangsgründe der ebenen Geometrie bis zur Congruenz der Dreieoke. Schoenborn.

9. *Zeichnen.* 2 St. w. Weitere Entwickelung der Perspective. Zeichnen nach Holzkörpern, nach Gypsen: Ornamente, Blattformen, Theile des menschlichen Körpers. Zeichnen von landschaftlichen Darstellungen, Blumen, Thieren etc. Schlange.

Quinta. Ordinarius: Gymnas.-L. Jankowski.

1. *Religionslehre.* a) evangel. 3 St. w. verb. mit Sexta. Biblische Geschichte des neuen Testaments. Auswendiglernen der ersten drei Hauptstücke des lutherischen Katechismus und mehrerer Kirchenlieder. Göhling.

b) kathol. 3 St. w. verb. mit Sexta. Im Sommer: Biblische Geschichte von Erschaffung der Welt bis zu den Königen. Sprenger. — Im Winter: Von den Königen bis zur Theilung des jüdischen Reiches. Der ganze Katechismus und dessen Erklärung. Lic. Wojciechowski.

2. *Deutsch.* 3 St. w. Aus dem Lesebuche von Colshorn, Th. I, wurden die schwierigeren Stücke gelesen und geeignete Gedichte vorgetragen. Einübung der Satzlehre und fortgesetzte Uebungen in der Orthographie und Interpunction. Vierzehntägig ein Dictat und ein Aufsatz. Göhling.

3. *Latein.* 9 St. w. Wiederholung der regelmässigen, Einübung der anomalen Formenlehre. Uebersetzt wurde aus dem I. Cursus von Ellendt's Lesebuch der 5. Abschnitt, aus dem II. Cursus der 1. und 2. Abschnitt und aus dem 3. die Fabeln. Die einfachsten syntaktischen Regeln, acc. c. inf., abl. abs. Memoriren von Mustersätzen und der mit 1 und 2 bezeichneten Vocabeln aus Wiggerts Vocabularium; Wiederholung der früher gelernten Vocabeln. Wöchentliche Extemporalien. Jankowski.

4. *Französisch.* 3 St. w. Elementarbuch von Ploetz, Lect. 1—59; alle vierzehn Tage ein Extemporale. Schwalbach.

5. *Polnisch.* 2 St. w. Die 3 Declinationen nach dem Elementarbuche von Popliński § 37—65. Monatlich 2 schriftliche Arbeiten. Pfau.

6. *Geographie.* 2 St. w. Die aussereuropäischen Erdtheile nach Voigt's Leitfaden. Im Sommer: Dr. Berger, im Winter: Dr. Göhling.

7. *Rechnen.* 3 St. w. Wiederholung des Bruchrechnens. Die bürgerlichen Rechnungsarten. Göhling.

8. *Naturkunde.* 2 St. w. Beschreibung einzelner Gattungen von Naturkörpern aus allen drei Reichen der Natur. Bleich.

9. *Zeichnen.* 2 St. w. Die ersten Elemente der Perspective. Freihandzeichnen nach Vorlegeblättern. Leichtere Darstellungen von Landschaften, Thieren, Blumen, Gesichtstheilen. Schlange.

10. *Schreiben*, 2 St. w. Nach Vorlegeblättern. Göhling.

Sexta. Ordinarius: Gymnas.-L. Göhling.

1. *Religionslehre.* S. Quinta.

2. *Deutsch.* 2 St. w. Lesebuch von Colshorn, Th. I. Mündliches Wiedererzählen und Recitiren. Der einfache Satz. Wöchentlich abwechselnd ein orthographisches Dictat oder ein kleiner Aufsatz (eine Nacherzählung oder die Beschreibung eines Naturkörpers). Bleich.

3. *Latein.* 9 St. w. Formenlehre. Gelesen und übersetzt wurden aus Ellendt's lat. Lesebuche Th. I, §§ 1—56. Memorirt wurden die darin vorkommenden Vocabeln, sowie die mit Hand und Stern bezeichneten Vocabeln aus Wiggert's Vocabularium. Wöchentlich ein Extemporale. Bleich.

4. *Polnisch.* 2 St. w. Im Sommersemester: Uebungen im Lesen und in der Orthographie. Im Wintersemester: Elementarbuch von Popliński bis § 40. Monatlich zwei schriftliche Arbeiten. Pfau.

5. *Geographie.* 3 St. w. Die Grundbegriffe der physischen und mathematischen Geographie. Hydro- und orographische Uebersicht der Erdoberfläche. Orientirung auf dem Globus und auf Landkarten. Jankowski.

6. *Rechnen.* 4 St. w. Die vier Species mit ganzen Zahlen und Brüchen. Göhling.

7. *Naturkunde.* 2 St. w. Beschreibung einzelner Thiere, Pflanzen und Mineralien. Bleich.

8. *Zeichnen.* 2 St. w. Die Elemente der Formenlehre: Linien in verschiedenen Richtungen, Maassen und Verbindungen. Anfänge zum Schattiren. Schlange.

9. *Schreiben.* 3 St. w. Meist nach Vorschriften an der Tafel. Göhling.

Singen.

I. Abtheilung: 2 St. w. Vierstimmiger Männerchor.

II. Abtheilung: 2 St. w. Uebung im dreistimmigen Gesange.

III. Abtheilung: 2 St. w. Einübung ein- und zweistimmiger Lieder. Göhling.

Turnen.

Während des Sommer-Semesters wöchentlich zweimal je zwei Stunden, unter der Leitung des Dr. Berger.

Zeichnen für die drei oberen Klassen.

2 St. w. Freihandzeichen nach Vorlegeblättern: Arabesken, Thiere, Köpfe und ganze Figuren, auch ausgeführte Landschaften. Anwendung der Estompe und zweier Kreiden. Schlange.

d) Verzeichniss der eingeführten Lehrbücher.

1. Für den Religionsunterricht: a) den evang. Preuss, Bibl. Geschichten in VI—V, Luther's kleiner Katechismus in VI—III, die heil. Schriften des A. und N. T. in IV—III, Hollenberg's Hülfsbuch und Novum testamentum graece in II u. I, Anders und Stolzenburg's Geistliche Lieder in allen Klassen zum Gebrauch bei den täglichen Morgenandachten und zum Auswendiglernen der schönsten Kirchenlieder.

b) den katkol.: (für die Polen) Katechizm Rzymsko-katolicki przez X. A. R. in VI—V, Dzieje Starego i Nowego Testamentu von demselben in VI—V, Ontrup's Początki religii chrześciańskiéj; (für die Deutschen) Ontrup's Katechismus und Kabath's Bibl. Geschichte in VI—III, Martin's Lehrbuch der kathol. Religion in II—L

2. Für den deutschen Unterricht: Colshorn und Goedeke's Deutsches Lesebuch 1. Theil in VI u. V, 2. Th. in IV u. IIIb., 3. Th. in IIIa. Pischon's Leitfaden zur Geschichte der deutschen Literatur in I.

3. Für den lateinischen: Frd. Schultz Lat. Grammatik, die kleinere in VI, V, IV, III, die grössere in II u. I. Ellendt's lat. Leseb. in VI u. V, Ferd. Schultz, Aufgaben zur Einübung der Syntax in IV u. III, Wiggert's lat. Vocabularium in VI, V u. IV, Seyffert's Palaestra musarum in II.

4. Für den griechischen: Krüger's Griechische Grammatik in IV, III, II und I, Gottschick's Griechisches Lesebuch in IV, Kübler's Griechisches Vocabularium in IV u. III.

5. Für den hebräischen: Nägelsbach's Hebräische Grammatik in II und I und Biblia Hebraica in II und I.

6. Für den französischen: Ploetz Lehrbuch der französischen Sprache, 1. Cursus in V und IV, 2. Cursus in III und II, Knebel's französische Schulgrammatik in I, dessen französisches Lesebuch in IIIb. Charles XII in IIIa.

7. Für den polnischen: Popliński's polnisches Elementarbuch in VI und V, Popliński's Grammatik in IV, III, II und I; dessen Wypisy polskie Th. 1. in IV und III, Th. 2. in II;

8. Für die Geographie und Geschichte: Voigt's Leitfaden beim geograph. Unterricht in allen Klassen, Dielitz Grundriss der Weltgeschichte IV, III, II und I.

9. Für die Mathematik: Kambly's Planimetrie in IV und III; dessen Trigonometrie in II, dessen Stereometrie in I, die logarithmisch-trigonometrischen Tafeln von Vega, Koehler oder Bremiker in II und I.

11

10. Für die Physik: Trappe's Leitfaden für den Unterricht in der Physik in II u. I.
11. Für die Naturkunde: Leunis Schulnaturgeschichte in III.

e. Ferien - Ordnung.

1. Die *grossen Ferien* dauern 4 Wochen, in der Regel von den ersten Tagen des Monats Juli bis in die ersten Tage des Monats August.

2. Die *Weihnachtsferien* umfassen 11 bis 13 Tage, und wird der Unterricht, wenn der erste Weihnachtsfeiertag auf einen

Sonntag fällt, am Donnerstag den 22. December geschlossen, und beginnt am Mittwoch den 4. Januar.

Montag	„	Donnerstag	den 21.	„	„	„	„	„ Mittwoch den 3.	„
Dienstag	„	Freitag	den 21.	„	„	„	„	„ Donnerstag d. 3.	„
Mittwoch	„	Freitag	den 20.	„	„	„	„	„ Freitag den 3.	„
Donnerstag	„	Montag	den 22.	„	„	„	„	„ Sonnabend den 3.	„
Freitag	„	Dienstag	den 22.	„	„	„	„	„ Dienstag den 5.	„
Sonnabend	„	Mittwoch	den 22.	„	„	„	„	„ Dienstag den 4.	„

3. Die *Osterferien* dauern 14 Tage; der Unterricht wird am Mittwoch vor Ostern geschlossen und am zweiten Donnerstage nach Ostern wieder begonnen.

4. Die *Pfingstferien* dauern 5 Tage, von Freitag vor dem Feste bis zum Morgen des Donnerstag nach dem Feste.

5. Die *Michaelisferien* dauern 7 Tage; der Unterricht wird am letzten Mittwoch des Monats September geschlossen und am 1. Donnerstage des Monats October wieder eröffnet.

Ausserdem fällt der Unterricht aus: 1. am Buss- und Bettage, 2. am Tage der Himmelfahrt, und an folgenden katholischen Feiertagen: 3. am 6. Januar, dem Feste der heiligen drei Könige, 4. am 2. Februar, Mariä Reinigung, 5. am 19. März, dem Feste des heiligen Joseph, 6. am 25. März, Mariä Verkündigung, 7. am 23. April, dem Feste des heiligen Adalbert, 8. am Frohnleichnamstage, 9. am 24. Juni, dem Feste des heiligen Johannes des Täufers, 10. am 29. Juni, dem Feste der Apostel Petrus und Paulus, 11. am 15. August, Mariä Himmelfahrt, 12. am 8. September, Mariä Geburt, 13. am 1. November, dem Feste aller Heiligen, 14. am 8. December, dem Feste der Empfängniss Mariä.

Die Themata der Abiturienten
zu Ostern 1869.

1. *Für den deutschen Aufsatz:* Warum ist die Bekanntschaft mit der Geographie zum Veständniss der Geschichte unentbehrlich?

2. *Für den lateinischen Aufsatz:* Levitatis Atheniensium crudelitatisque in amplissimos cives exempla.

43

3. Für die mathematische Arbeit: 1. Von einem Dreieck kennt man eine Seite a, das Verhältniss der beiden anderen Seiten $\frac{b}{c} = \frac{m}{n}$ und den Inhalt s²; es soll das Dreiek construirt werden. 2. In einer geometrischen Proportion ist die Summe der äusseren Glieder=a (=24), die Summe der inneren Glieder=b (=16), die Summe der Quadrate aller Glieder=c (=580); die Proportion ist aufzustellen. 3. Jemand will n (21) Jahre hierdurch am Anfange jedes Jahres eine bestimmte Summe zahlen, damit nach Verlauf der n Jahre während s (8) Jahren eine jährliche am Ende jedes Jahres zu zahlende Summe von k (600) Thalern vorhanden sei. Zinsfuss p (4½). Die Zinsen werden jährlich dem Kapital zugeschlagen. Wie gross ist die während der 21 Jahre jährlich zu zahlende Summe? 4. Eine n seitige reguläre Pyramide, in der die Seite der Grundfläche = a, die Höhe gleich dem doppelten Radius des um die Grundfläche beschriebenen Kreises ist, soll in einen Kegel verwandelt werden, dessen Grundfläche denselben Radius hat; wie gross ist die Höhe des Kegels?

B. Verfügungen des Königlichen Provinzial-Schul-Collegiums.

Vom 28. April 1868. Mittheilung des Minist.-Rscr. vom 17. März 1868, durch welches die in der Verlagshandlung von G. Schlanitz zu Berlin erscheinenden, in Farbendruck ausgeführten Ansichten der heil. Lande nach Original-Aufnahme des Historien-Malers Th. Rabe, mit Erläuterungen von Prof. Tischendorf, empfohlen werden.

Vom 21. Juni 1868. Die Directoren der Gymnasien und Realschulen werden darauf aufmerksam gemacht, dass die Militair-Ersatz-Instruktion für den Norddeutschen Bund vom 26. März 1868, welche an die Stelle der Ersatz-Instruction vom 9. December 1858 getreten ist, in den §§ 151 bis 155 verschiedene neue, für die höheren Lehranstalten wichtige Bestimmungen enthält.

Vom 22. August 1868. Die bei Bädeker in Essen erschienene Wandkarte von Deutschland in seiner Neugestaltung von E. Lender wird als ein Werk bezeichnet, welches sich durch die Deutlichkeit der Zeichnung, durch die Colorirung und durch den niedrigen Preis zur Anschaffung empfiehlt.

Vom 24. August 1868. Im Auftrage des Herrn Ministers wird auf die von Prof. Zacher zu Halle in Gemeinschaft mit bewährten Fachgenossen unternommene Herstellung einer germanistischen Handbibliothek, welche 1. commentirte Ausgaben altdeutscher Sprachdenkmäler und 2. Hand- und Hilfsbücher für einzelne germanische Disciplinen enthalten soll, sowie auf die von ihm herausgegebene Zeitschrift für deutsche Philologie, welche diesen Plan zu ergänzen bestimmt ist, aufmerksam gemacht.

Vom 24. September 1868. Im Auftrage des Herrn Ministers werden die Directoren der höheren Lehranstalten angewiesen, das vorgeschriebene Zeugniss behufs der Meldung zum einjährigen freiwilligen Militairdienst nur dann auszustellen, wenn die Lehrer-Conferenz der Ansicht ist, dass die vorschriftsmässigen Bedingungen erfüllt sind, in allen anderen Fällen aber dem betheiligten Schüler, wenn er die Anstalt verlassen will, ein gewöhnliches Abgangs-Zeugniss zu ertheilen, welches über seine Qualification für den einjährigen Freiwilligendienst kein Urtheil enthält.

Vom 26. September 1868. Seine Majestät der König hat eine Anzahl Exemplare der von dem Grossherzoglich Hessischen Hof- und Münz-Medailleur, Professor Schnitzspahn in Darmstadt, zur Feier der Enthüllung des Luther-Denkmals in Worms gefertigten Gedächtnissmedaille anzukaufen und dem Herrn Minister zur Ueberweisung an höhere Lehranstalten behufs Vertheilung als Prämien an würdige Schüler zuzustellen geruht. Es wird ein Exemplar derselben zu zweckentsprechender Verwendung übersandt.

Vom 29. Januar 1869. Mittheilung des Minist.-Rescr. v. 13. Januar c., durch welches der im Verlage des photolithographischen Instituts von Kellner und Giesemann zu Berlin in vier verschiedenen Ausgaben erschienene, von C. Raaz bearbeitete Relief-Atlas empfohlen wird.

C. Zur Chronik.

Der Lehrcursus wurde den 24. April 1868 Morgens um 9 Uhr mit der herkömmlichen kirchlichen Feier für die evangelischen Schüler in der evangelischen Kirche, für die katholischen in der Dreifaltigkeitskirche, eröffnet. Die erstere, an welcher auch sämmtliche Lehrer Theil nahmen, wurde von dem Herrn Prediger Füllkrug, die letztere von dem damaligen katholischen Religionslehrer, Herrn Probst Sprenger, abgehalten.

Während des verflossenen Schuljahres sind in dem Lehrer-Collegium folgende Veränderungen eingetreten: Der zweite Prediger Herr Baumgart, welchem der evangelische Religionsunterricht in Secunda und Prima zu Ostern 1867 übertragen worden war, wurde zu Ostern 1868 zum Prediger in Kobylin gewählt; daher wurde dieser Unterricht vertretungsweise bis zur Wiederbesetzung der zweiten Predigerstelle von dem ersten Prediger Herrn Füllkrug übernommen. Am 1. Juli erfolgte die definitive Anstellung des Herrn Schwalbach als dritten ordentlichen Lehrers. Zu Michaelis wurde der katholische Religionslehrer Herr Sprenger Probst zu Kobierno, und trat in seine Stelle Herr Lic. Wojciechowski. Zu derselben Zeit folgte der fünfte Ordentliche Lehrer Herr Dr. Berger einem Rufe an die Königliche Ritter-Akademie zu Brandenburg, und wurde der Herr Gymnasial-Lehrer Stallbaum aus Zerbst zu seiner Vertretung berufen. Da letzterer bereits am 18. November wegen Erkrankung seine Entlassung nachzusuchen genöthigt war, so musste von da ab das Lehrer-Collegium die weitere Vertretung übernehmen. Vom 1. April ab ist die erledigte Lehrerstelle dem bisherigen wissenschaftlichen Hilfslehrer am Gymnasium zu Cottbus, Herrn Dr. Rudloff, verliehen worden.

Am 13. August unternahm der Herr General-Superintendent Dr. th. Cranz eine Revision des evangelischen Religionsunterrichts, indem er demselben von 7 Uhr Morgens bis 12 Uhr Mittags in allen Klassen beiwohnte, sich selbst vielfach an ihm betheiligte, und durch Ansprachen an die Schüler das Interesse für denselben belebte.

Am 7. September besuchte der Civillehrer der Königlichen Central-Turnanstalt, Herr Dr. Euler, im Auftrage des Herrn Ministers, wie die übrigen Gymnasien der Provinz, auch das hiesige, um die Zweckmässigkeit der für das Turnen getroffenen Einrichtungen zu prüfen und von den Leistungen der Schüler in demselben nähere Kenntniss zu nehmen. Es fand daher am genannten Tage auf dem dazu bestimmten Platze vor dem Herrn Dr. Euler ein mehrstündiges Turnen sämmtlicher Schüler statt, und wurden sodann die einzelnen Turngeräthe einer eingehenden Beurtheilung unterworfen.

Am 15. März fand unter dem Vorsitze des Königlichen Provinzial-Schul-Rathes Herrn Geh.-Rathes Dr. theol. Mehring die mündliche Prüfung der fünf Abiturienten statt, und erhielten das Zeugniss der Reife:

1. Carl Büttner, geb. den 15. Juli 1851, aus Krotoschin, evangelischer Confession, seit Ostern 1860 auf dem Gymnasium, zwei Jahre in Prima. Er will die Rechte studiren.

2. Moritz Fuchs, geb. den 18. December 1849, aus Koźmin, jüdischer Religion, seit Ostern 1862 auf dem Gymnasium, zwei Jahre in Prima. Er will die Arzeneikunde studiren.

3. Bruno Göhling, geb. den 7. August 1849, aus Krotoschin, evangelischer Confession, seit Ostern 1857 auf dem Gymnasium, zwei und ein halbes Jahr in Prima. Er beabsichtigt sich dem höheren Lehrfache, insbesondere dem Studium der Mathematik, zu widmen.

4. Bruno Hirschfelder, geb. den 22. Februar 1849, aus Krotoschin, evangelischer Confession, seit Ostern 1857 auf dem Gymnasium, zwei Jahre in Prima. Er will entweder Theologie oder Philologie studiren.

5. Johannes Löwe, geb. den 2. Februar 1849, aus Krotoschin, evangelischer Confession, seit dem 2. Februar 1866 auf dem Gymnasium, zwei und ein halbes Jahr in Prima. Er beabsichtigt sich als Avantageur dem Militairstande zu widmen.

Die Feier des Geburtsfestes Sr. *Majestät des Königs* findet den 22. März in der herkömmlichen Weise statt. Die Festrede hält der Herr Gymnasiallehrer Jankowski.

D. Frequenz.

Das Gymnasium wurde im Laufe des Schuljahres von 225 Schülern, 123 einheimischen und 102 auswärtigen, besucht. Neu aufgenommen wurden 54. Abgegangen sind 27. Daher ist die Zahl der Schüler gegenwärtig 198, nämlich:

in	über haupt	evangelisch	katholische	jüdische	einheimische	auswärtige	polnischer Nationalität
Prima	11	6	1	4	8	3	1
Secunda	21	13	5	3	13	8	5
Ober-Tertia	22	12	4	6	13	9	3
Unter-Tertia . . .	38	16	1	21	23	15	—
Quarta	31	12	4	15	16	15	3
Quinta	33	20	6	7	16	17	5
Sexta	42	19	15	8	24	18	10
	198	98	36	64	113	85	27

E. Unterrichtsmittel.

Die Lehrer-Bibliothek empfing an Geschenken, a. vom Herrn Minister folgende Zeitschriften in ihren Forsetzungen: Pädagog. Archiv hgg. von Langbein; Philologus hgg. von E. von Leutsch; Zeitschrift für die Preuss. Geschichts- und Landeskunde hgg. von Foss u. A.; b. vom Königl. Provinzial-Schul-Collegium: Stolpe, Plan von Konstantinopel (vom Herrn Oberpräsidenten v. Horn zur Vertheilung überwiesen); Eich, Gedenkblätter zur Erinnerung an die Enthüllungfeier des Luther-Denkmals zu Worms, und mehrere Werke aus den Bibliotheken der vormaligen Klöster zu Kobylin und Krotoschin, als: Cic. Epist. famil. Venet. 1493, Macrob. Saturn. Venet. 1492, Nic. de Cusa dialog. de ignoto etc. u. A.; c. vom Herrn Pror. Prof. Schoenborn: The Lycian inscriptions after the accurate copies of the late Aug. Schoenborn. Angekauft wurden: Stiehl's Centralblatt, Jahrg. 1868; Zarnke's Litter. Centralblatt, Jahrg. 1868; Engel's Zeitschrift des Kgl. Preuss. Statist. Bureau's, Jahrg. 1868; Herrig's Archiv für das Studium der neueren Sprachen und Litt., Forts.; Jahn's neue Jahrb., Forts.; Zacher's Zeitschr. der deutschen Philologie; die Geschichtsschreiber der deutschen Vorzeit, Forts.; Grimm's deutsches Wörterbuch, Forts.; das deutsche Kirchenlied, hgg. von Wackernagel, Forts.; Corpus inscript. Graec. ed Boeckh;

Ellendt Lexicon Sophocl.; Etymolog. Gr. linguae Gudianum ed Sturz; Zonarae et Photii Lexica ed. Rittmann et G. Hermann; Ptolemaei Harmon. ed Wallis; Procop. ed. Dindorf; Aretaei Op. ed. Kühn; Parabil. medic. scriptores antiqui ed. Ackermann; Phlegontis Opusc. ed. Franz; Typhiodor. ed. Northmore; Vitarum scriptores Gr. minores ed. Westermann; Cic. de offic. ed. Beier; Cic. de rep. ed. Osann; Cic. orat. pro Plancio ed. Wunder; Panegyrici vett. ed Arntzen; v. Cohausen, Cäsar's Rheinbrücken; Ueberweg, Geschichte der Philosophie; Wner, Bibl. Realwörterbuch; Sarpi, Gesch. des Trident. Concil's; Novalis Schriften hgg. von L. Tieck; Gellert's Schriften, Ausg. 1769—74; Solger's Erwin; dess. Nachgel. Schriften hgg. von L.Tieck und Fr. v. Raumer; Fr. Spee, Güldnes Tugendbuch; Hans Sachs ausgew. Schriften hgg. v. Büsching; Pyrker's Werke; Fr. Rückert's Leben Jesu; Falk, Sanitätspolizeiliche Ueberwachung höherer und niederer Schulen, u. A. Für die Schülerbibliothek wurden angeschafft: Fr. Rückert's Gedichte, Auswahl des Vf.; dess. Weisheit des Brahmanen; Theod. Körner's Werke hgg. v. Streckfuss; Max v. Schenkendorf's Gedichte; Werner's Buch der norddeutschen Flotte; Adami's Louise, Königin von Preussen; Dielitz, Mittelalter in 40 histor. Gemälden; Ferd. Schmidt, Leitfaden der Brandenburg'sch-Preuss. Geschichte; Guhl u. Koner, Leben der Griechen und Römer nach antiken Bildwerken; Sauppe's Bilder des Alterthums; dess. Wanderungen auf dem Gebiete der Sprache und Litteratur; Russ, Natur- und Culturbilder; Mommsen, Röm. Geschichte; Quellenbuch zur alten Gesch., Abth. II; W. O. v. Horn, der Kafferntäuptling; dess. Durch die Wüste; Franz Hoffmann, An Gottes Segen ist Alles gelegen; ess. Wie man's treibt, so geht's; dess. Hochmuth kommt vor dem Falle; dess. Herz is und Herzensgut; u. A.

F. Die öffentliche Prüfung

findet den 23. März (Dienstag) in nachstehender Ordnung statt:

Vormittags von 9 Uhr ab

Einleitender Gesang.

Prima: Mathematik; Herr Pror. Prof. Schoen born.

Secunda: Latein; Herr Gymn.-L. Dr. Radtke.

Ober-Tertia: Naturkunde; Herr G.-L. Bleich.

Unter-Tertia: Griechisch; Herr Oberl. Nieländer.

Nacher Prüfung jeder der beiden zuletzt genannten Klassen: Declamationen. Hierauf Absedsreden der Abiturienten Goehling und Büttner in lateinischer und deutscher Sprae, und Entlassung der Abiturienten durch den Director.

Nachmittags von 3 Uhr ab

Quarta: Geschichte; Herr Oberl. Eggeling.

Quinta: Französisch; Herr G.-L. Schwalbach.

Sexta: Rechnen; Herr G.-L. Goehling.

Nach der Prüfung jeder Klasse: Declamationen. Schlussgesang. Hierauf begeben sich die Schüler in ihre Klassenzimmer, wo ihnen die Versetzungen verkündigt ünd die Censuren eingehändigt werden.

Der neue Lehrcursus wird den 9. April (Freitag) Morgens um 9 Uhr eröffnet. Die Prüfung und Aufnahme neuer Zöglinge findet den 8. April (Donnerstag) Vormittags von 9 bis 12 Uhr im Conferenz-Zimmer des Gymnasiums statt. Zufolge Minist.-Rescr. vom 31. Juli 1825 muss jedem auswärtgen Zöglinge von dessen Eltern oder Vormunde ein vom Direktor gutzuheissender Aufseher bestellt werden, welcher über seinen Fleiss und sein sittliches Betragen ausserhalb der Schule gewissenhaft zu wachen hat. Auch darf kein auswärtiger Schüler seinen Aufseher oder seine Wohnung ohne vorherige Anzeige bei dem Ordinarius der Klasse und ohne die Genehmigung des Directors wechseln.

Das Schulgeld, welches an den Rendanten der Gymnasial-Kasse Herrn Kämmerer Hirsekorn (auf dem Rathhause) vierteljährlich praenumerando zu entrichten ist, beträgt mit Einschluss des Turngeldes (1 Rthlr.) und des Beitrages zur Schüler-Bibliothek (16 Sgr.) jährlich 21 Rthlr. 16 Sgr., also vierteljährlich 5 Rthlr. 11 Sgr. 6 Pf. *Die Einschreibegebühren*, die ebenfalls in die Gymnasial-Kasse fliessen, sind 1 Rthlr. 10 Sgr. Für ein *Abgangs-Zeugniss* ist, wenn es sogleich beim Abgange gefordert wird, $1/_2$ Rthlr., wenn es später verlangt wird, 1 Rthlr. an die Gymnasial-Kasse zu entrichten.